请给我结果 2

要结果，不要理由

姜汝祥◎著

中信出版集团 | 北京

图书在版编目（CIP）数据

请给我结果2：要结果，不要理由 / 姜汝祥著. —3版. —北京：中信出版社，2015.6（2024.9 重印）
ISBN 978-7-5086-5097-5
I. 请… II. 姜… III.企业管理–人事管理 IV. F272.72
中国版本图书馆CIP数据核字（2015）第064916号

请给我结果2：要结果，不要理由

著　　者：姜汝祥
策划推广：中信出版社（China CITIC Press）
出版发行：中信出版集团股份有限公司
（北京市朝阳区东三环北路27号嘉铭中心　邮编　100020）
（CITIC Publishing Group）
承 印 者：三河市中晟雅豪印务有限公司

开　　本：787mm×1092mm　1/16　　印　　张：8.75　　字　　数：100千字
版　　次：2015年6月第3版　　印　　次：2024年9月第25次印刷
书　　号：ISBN 978-7-5086-5097-5/F · 3352
定　　价：24.00元

目录>>>

01 没有结果，就不能生存

把简单的道理执行透

○ 大凡伟大的公司，文化必定是单一的；大凡平庸的公司，都有各种各样的“上司文化”、“部门文化”。

○ 执行的道理一定是简单的；凡是复杂的道理，注定不可能执行。

我在一本书上看过这样一个故事，讲的是在一个美丽如画的乡间小屋里，墙上装有三面镜子：

第一面镜子，表面凹凸不平，且有污点，看起来很脏。

第二面镜子，清洁精巧，并装有雕刻精美的镜框。

第三面镜子，既没镜框也没有装饰，只是一面洁净清澈的镜子。

当面对第一面镜子时，我们看到了什么？回答是：“看到了一面不干净的镜子。”第二面镜子呢？回答是：“看到了一面美丽的镜子。”第三面镜子呢？回答是：“看到一片美丽的景色。”

我觉得这个故事讲出了执行的真谛：真正的执行就应该如第三面镜子——人们看到的是结果：从镜子中看到的是美丽风景，而不是镜子本身的特色（例如雕刻精美的镜框）。

执行的难度也正在这儿，在所有的组织活动中，人的本性始终绕不过一个永恒的坎儿：以自我为中心。每个人都试图在照出美丽景色的同时，告诉别人——镜子里照出的是我，而不是别人。可一旦以“自我为中心”，客户或结果就可能会被放置到第二位或第三位。

大部分公司在执行方面之所以失败，主要失败在两个方面：

第一，公司层面、部门层面，以及员工层面，各个层面都在以自我为中心，忘记了真正给我们发工资的并不是公司，而是客户。

第二，分不清战略与执行的区别，在执行的时候，过多考虑非执行层面的问题。比如，已经在执行了，还在想是不是应当做。在执行层面，一旦定下来，哪怕是错的，也要做到底。

执行的逻辑是很简单的，或者说，凡是复杂的东西，注定不可执行。我对执行的研究，虽然有很多理论上的突破，但归纳起来，也就48个字。

首先，执行作为一种制度和文化，最基本的内核是什么？我总结了8个字：认真第一，聪明第二。这8个字强调的显然不是个人的“聪明”或“才智”，而是“制度”或“认真”。这意味着，大凡有执行能力的公司，文化必定是单一的，大凡平庸的公司，却有各种各样的“上司文化”、“部门文化”。

其次，执行的原则问题，我总结为16个字：结果提前，自我退后；锁定目标，专注重复。在执行的时候，要将客户利益和公司利益放在第一位，将“自我”隐藏在程序与流程之后，围绕目标培养员工的职业化精神，这样才能保证执行的效果。

最后，执行过程中需要把握的三个要点。在开始执行前，需要把握的要点是：决心第一，成败第二。对已经决定了的任何事，信心是第一位的，对风险的估计应当是在决策前，一旦决定了，讨论成败就更多是借口。

在执行进行的过程中，需要把握的要点是速度第一，完美第二。我们在执行中常常有这种现象，曾经为得不到 100 而放弃，结果却是零，若干的成功经验和挫折告诉我们：0.1>0！

在执行结束之后，需要把握的要点是：结果第一，理由第二。责任是通过对行动结果的奖罚建立起来的，在大多数情况下，要建立一种对事不对人的执行文化，重要的不是去讨论失败的理由，而是针对结果建立起责任与权力对称的机制。

总结起来，执行就可以归纳为 48 字真经：

执行的 8 字方针：**认真第一，聪明第二。**

执行的 16 字原则：**结果提前，自我退后；锁定目标，专注重复。**

执行的 24 字战略：**决心第一，成败第二；速度第一，完美第二；结果第一，理由第二。**

不要小聪明，认真做事

○ 态度决定高度！

○ 在中国企业中，执行问题的核心是文化，而文化问题的核心是认真。在中国做企业，怕就怕“认真”二字！

不认真与太过于聪明，是一个问题的两面。我不知道别人对中国人的智商号称“天下第一”怎么想，反正我觉得这未必是一件好事。聪明人一生都在想办法，想如何找到更好的办法超过对手，而不是通过认真做事超过对手。

遗憾的是，无数行业都在上演着类似的故事，因为这种聪明意识已经根植于我们的生存环境中。

比如，我们的父母如何教育孩子？孔融让梨，是我们传统的美德。哥哥与弟弟在一起，妈妈分梨的时候，如果哥哥总是要大的梨，妈妈一定会这样教训孩子：孔融都知道让梨，你怎么不知道让着弟弟呢？

于是，哥哥下次就学会了如何对付妈妈。每次哥哥都会说，妈妈，把大的给弟弟吧，我要小的。这样几次之后，妈妈就会说，哥哥这么懂事，还是把大的给哥哥吧。从此之后，大的梨就永远是哥哥的了。

从这里我们就可以看到，中国传统的教育方式，从来不鼓励人们直接争取自己的利益，从来不鼓励人们直接表达自己的愿望，而是鼓励孩子从小就培养权谋，鼓励他们如何琢磨大人或老师的心理，拿到好处。

如果我们不改造这种聪明思想，每个人都想要“聪明”，总想走捷径，那么，我可以负责任地预测，中国企业可以造出好产品，但绝不可能造出世界级的产品；中国企业能够成为好企业，但绝对不可能成为世界级的企业。

事实上，我们已经看到不少名牌，在创立品牌的时候质量一流，但几年之后就大不如前。同样的零部件，在国内组装的车要比国外组装得差，这是为什么？

是技术问题吗？不，恐怕更多的是认真问题。在我看来，在中国企业中，执行问题的核心是文化，而文化问题的核心是认真。在中国做企业，怕就怕“认真”二字！

“一个人是一条龙，三个人是一条虫”。从“龙”变成“虫”，背后就是每一个人都去要小聪明，小聪明的结果是把大聪明丢掉。执行只与勤奋有关，与责任有关，与用心有关，而与聪明无关。

一个有执行能力的人，他身上唯一的标志就是对自己负责！

我建议那些有志于塑造世界一流执行力的中国企业，要在执行文化中，明确地提出一个口号：“认真第一，聪明第二”。我们要明确一点：一件事情要想真正做好，支撑你的不是利益，而是内心的一种责任感，一种对待事情是否认真的信念。

道理很简单，要想达到世界级的产品质量，需要几十年如一日地做到一丝不苟。要想成为世界级的企业，需要我们为了一个目标，矢志不移。

案例：我准备了什么？

○ 认认真真做事，对自己负责，这是做事的底线。

○ 抛弃“能人”理论和“捷径”思维，按照事前、事中、事后的流程，做好每一个细节。

聪明人总以为自己什么事都可以搞定，因此常常在关键时刻出现失误。而有执行力的人，内心只有一个信念：世界上的事没有捷径，只有认认真真、踏踏实实地做事，才可能换来成功。

下面是一位访谈助理写的访谈工作总结：“我准备了什么？”在访谈的前两天，她就按照事前、事中、事后的流程，认认真真、仔仔细细，把事情发生的任何细枝末节均考虑在内，以确保访谈过程万无一失，顺利进行。

我准备了什么

一、事前

A. 访谈前两天（7 月 15~16 日）的准备：

1. 7 月 15 日，上网查询该公司的资料，将最有用的信息整理出来。于 7 月 17 日去该公司的路上交给项目组长事先了解（A 公司的资料已经放在附件中了）。

2. 查到 A 公司的电话为 0755–26××××××，地址为：深圳

市 × 区 × 路 × 号，坐出租车过去需要一个小时。

3. 7 月 16 日上午与 A 公司企划部确认 7 月 17 日具体的访谈时间，询问到李总及其秘书的手机号码。

4. 7 月 16 日下午 4 点先发邮件给 A 公司，与 A 公司企划部最后确认项目组长访谈李总的时间，再打电话到企划部进行确认。随后打电话给李总的秘书，告诉他项目组长与李总访谈的事宜。

5. 7 月 16 日下午 4：30 先发邮件给整个项目小组的成员，并以口头的形式告诉项目组长 7 月 17 日访谈李总的时间。与项目组长约好 7 月 17 日等候的时间与地点。

6. 项目组长此次访谈为外部访谈，提纲为业界知名企业家访谈要点，所以 7 月 16 日我必须熟悉整个提纲，这样项目组长在向李总提问时我才不至于茫然无知。

7. 7 月 16 日下午 5：00 开始准备物品如下：

两对金霸王 7 号电池。

两盒金嗓子喉宝。

两支好的录音笔，提前对录音笔进行测试。

一本总裁著作，名片（项目组长的名片、自己的名片，如果有其他顾问参加也要把顾问的名片预备上），一本笔记本，把李总及其秘书的手机号码存到手机上，时间安排表及业界知名企业家外部访谈提纲打印共三份，项目组长一份、自留一份、给顾问预留一份。

B. 访谈当天（7 月 17 日）的准备：

由于对方 7 月 16 日上午才能告诉我项目组长访谈李总的具体时间，所以我这里做一个模拟，假定他们把访谈的时间定在 7 月 17 日上午 10 点。我们假定周六早上由于人多会堵车，所以比预计时间提前 20 分钟出发。

上午 8：00~8：20，到公司对着计划表看看还有什么遗漏。告诉项目组长上午 8：35 预定好的出租车在出口等。

上午 8：20~8：30，再一次电话提醒李总秘书今天上午 10 点项目组长访谈李总。

上午 8：30~8：35，到楼下坐出租车，上车之前一定要问清楚司机是否知道去客户那里的路，否则就换另一辆出租车，直到找到一个熟悉道路的司机。

上午 8：35~8：40，到楼下等项目组长。

上午 8：40~9：50，去 A 公司的路上请做好如下几项：

1. 在车上向项目组长汇报当日行程安排及见面人。

2. 把准备好的资料给项目组长，使项目组长在车上阅读了解。

3. 把时间安排表及外部访谈提纲（知名企业家）交给项目组长。

4. 提醒大家将手机调为震动状态。

上午 9：50~10：00，找到李总的秘书，让他带我们去李总办公室。

二、事中

1. 在项目组长交换完名片之后，自己与李总交换名片（体现一种礼貌与职业化）。

2. 告诉李总，为了更完整地记录下他与项目组长的谈话，我们要对现场做一个录音，之前别的访谈也是以这样的形式进行。询问李总是否同意。

3. 打开录音笔，开始录音，中途每隔10分钟检查录音笔是否正常使用。

4. 为了使李总与项目组长的谈话不受干扰，中途李总办公室的大门如果开着主动去关上。

5. 心态：学习的心态，之前了解到项目组长要访谈的内容，把自己融入角色中去，是整个活动的一个参与者，而不是一个旁观者。

6. 在访谈快要结束前的10分钟，提醒项目组长注意时间。

7. 走时拿走饮水的纸杯（体现职业化）。

8. 与李总道谢告别。

三、事后

1. 询问项目组长是直接回宾馆还是去公司。

2. 送完项目组长之后，回公司导出录音的访谈内容并发送给整个项目小组的成员。

3. 把访谈录音整理成Word办公文档。

我们是靠结果生存，我们不能靠理由生存

○ 你有 1 000 个理由，甚至 10 000 个理由都不重要，重要的是结果。

在市场竞争的意义上，以人为本指的是以别人（消费者）为本，而不是以自己为本。

当我跑到前台，就会把客户价值推到后面。为什么财务部门的人常常要用很专业的财务语言说话？为什么研发部门的人，往往热衷于做他们心目中完美的产品？原因都源于此。

什么是不简单？能够把简单的事做对千百遍，就是不简单。什么是不容易？把大家公认的非常容易的事情认真地做好，就是不容易。

锁定目标，将能量和精力聚焦在一点上，目标一旦确定，一切归于简单。专注重复，每一天，每一月，每一年，简单的事情重复做。所以，执行的原则是："结果提前、自我退后，锁定目标、专注重复"。

所谓战略，回答的就是什么是重点，什么是必须放弃的。没有放弃，就没有重点。没有重点也就没有战略。

那么，什么是执行中最重要的，什么又是执行中必须放弃的？我们需要从流程上把握执行。

在执行前，什么最重要？决心最重要。必须放弃什么？必须放弃对

成败的计较。所以，在执行前的战略是："决心第一，成败第二"。

一旦决定，就不要没完没了地讨论，不要花时间去考虑能不能成功，而是要坚决执行，即使失败也要执行。

执行的关键是建立必胜的信念和决心。

决心原理：如果不想做事的话，任何人都可以找 n 个理由不去做。这个时候只有一样东西发生作用，那就是你有没有决心！

既然已经决定要这么做了，就不要去想这个事情是不是合理，而是要建立必胜的信念和决心。这就是执行前的"决心原理"——如果不想做事的话，任何人都可以找出 1 000 个，10 000 个理由不去做，这个时候只有一件事可以发生作用，就是你想不想做。

有了决心，才会有行动。天上不会掉馅饼，成功只眷顾领先一步采取行动的公司、只眷顾领先一步采取行动的人！

在执行中，什么最重要？速度最重要！必须放弃什么？必须放弃完美。所以，在执行中的战略是："速度第一，完美第二"。

不过于追求完美、速度第一的结果是，多 0.1 的积累就会实现 1 的突破。做—修改—做—完善，在做中思考，在做中完善，发展中的问题要在发展中解决，这就是中国公司的成长逻辑。

速度原理：0.1>0，过分追求 1 的结果往往是零，速度比完美重要。

一旦执行开始，速度就是第一位的，完美是第二位的。战略就是要有重点，要抓住主要矛盾，要懂得放弃，甚至是放弃一些"看起来或听起来很美"的东西。

在执行后，什么最重要？结果最重要！必须放弃什么？必须放弃理由。所以，在执行结束后的战略是："结果第一，理由第二"。

事情都做完了，你有 1 000 个理由，甚至你有 10 000 个理由都不重要，重要的是这个事情的结果是什么！因为我们是靠结果生存。

执行的关键在于做出种种不利假设，假设对方失误怎么办？假设自己疏忽怎么办？然后，在最不理想的情况下找到解决办法。

结果原理：我们是靠结果生存，我们不可能靠理由生存，没有结果，我们就不能生存，这是硬道理。

结果第一，理由第二——执行的本质就在于抓住结果，实现预期结果。没有结果一切都不存在。

没有结果，就不能生存，这同样是企业发展的硬道理。

华为在中国被誉为"狼性文化"的代表，既然是狼，就要使用狼性手段来追求结果。我们如何评价下面这一段华为的狼性行为？

任正非曾经说过，什么是核心竞争力？"选我不选你"就是华为的核心竞争力。

一名华为人这样形容华为的销售策略："华为用一种自然的方式令员工们相信，为了市场销售的增长，大家所做的一切都不是可耻的。"

我在《差距》一书中，对此提出了疑问：这种市场政治家的谋略，将是华为未来自我超越的最大困境。但是，左眼是失败，右眼就是成功，我们在右眼中又看到了什么？

我们看到的是华为对结果痴迷追求的"狼性原则"，这种原则，同样显现在今天华为在国际市场的打拼上。我们很难想象，没有当初的市场政治家的狠劲儿，如何能够有今天华为人的拼劲儿。

换个角度看问题，可以用一句话来说明这个现象：即使战略是错误的，我们也要通过执行把它做对。赢在执行！回答的就是这种奇特的现象。

从组织能力的角度看，执行有着自己独特的逻辑；有时候，执行本身还包含着对自我能力的超越。战略是方向，有了方向不等于有结果，但有能力却是获得结果最重要的因素，为什么我们总错？谁能够保证我们就不会对呢？

伟大的公司为什么不会死？不完全是因为它们总是方向正确，而是它们即使在方向错的情况下，也在奋力拼搏。这种时候，失败的只是方向，作为人本身，作为团队，并没有错。这样，一旦方向对了，站起来的又是一个巨人！

现在的日本公司不就是这样吗？当日本公司群体性亏损的时候，一定是出现了战略性的方向问题，但谁敢否定日本公司的强大？如果它们只是方向有问题，组织能力或执行能力没有问题，谁敢保证它们永远错呢？一旦它们醒来，仍然是中国公司最强大的竞争对手！

案例：客户的门是什么颜色的？

○ 执行型人才首先要勇于承担自己的责任，少说“我们”的职责，多说“我”的职责。

埃玛，是一个女孩子，她在电话里和客户交谈都很自然，产品知识也很扎实，但是始终不能自己单独面对客户。客户的门和心里的“门”都是她要打开的。每天同事们在讨论各自在客户处的成交故事时，她很向往，但是始终都迈不开步子。算算埃玛加入公司已经有两个月了，可连一次拜访客户的经历也没有。

下面是她的组长写的一个真实故事。

上个星期四在小组的会议上，我实在想不通，问了她：

“你怕什么？怕被拒绝吗？”

“其实也没什么好怕的，我以前……”

“那你为什么不去呢？”

“我觉得没有必要去。因为我在电话里和这个客户说了很久了，去拜见没有意义；那个客户说有课程时再说吧；我们的中层执行力资料还没有出来，出来了再给他们带过去吧……”（给自己不去拜访找理由！）

我说：“我现在给你一个任务，你拿一支笔来记，你明天早上去这家公司（她在会场上服务过的客户），看看他们工厂大门的颜色就可以回来了。这是给你的任务，你只要做到这一点就算完成了任务，你做其他的都可以说是超越了我的期望价值了，有没有问题？”

“这么简单有意义吗？”

“有没有意义你别在意，完成任务就好。你明天早上直接去，在下午5点前告诉我厂门的颜色。”

第二天下了大雨，我真怕她不去，给她打了电话，她出去了——为了这个简单的任务。下午，当她眉飞色舞地和我们说着她在XR厂的见闻时，我觉得她真的超出了我的期望值了。

顺便说说，她见到我说的第一句话是：这家公司的厂门是红色的！

02 结果第一，理由第二

先做再说

○ 信息永远都是很有限的，商人有七分把握就行动，学者要有十分把握才行动，这就是做商业和做学问的区别。

○ 有行动能力的人，永远都先做再说。

正确的战略有什么用？回答这一问题之前，我们首先要回答什么是战略。

什么是战略？战略就是对因果关系的回答，或者说战略就是道理。理是规律，是因；道是选择，是果。道路可以选择，规律只能发现，这一因果关系构成了战略的本质内涵。

战略有什么用？战略（因果关系）可以帮助我们把复杂的问题简单化。就像魔术一样，你看到了一个神奇的现象，但你却搞不懂为什么会出现这个现象，当魔术师告诉你因果关系以后，你同样可以创造这一奇迹。否则，我们可能一辈子都不知道是怎么回事。

战略思维的本质，是帮助我们对一个复杂现象做出简单而正确的判断，使我们可以很容易懂得，这个结果是由什么原因造成的。

人类社会到今天为止最伟大的胜利是什么？就是理性的胜利。一位伟人曾讲，一个建筑师跟一只蜜蜂最大的差别，不在于谁做出的建筑更精致，而在于建筑之前建筑师的头脑里面有一个清楚的设计图。蜜蜂是靠本能去把它做好，而建筑师是靠设计去做好，这就是最本质的差别。

比如说，我们在帮助客户做一个战略咨询项目的时候，本质上就是在告诉客户，我们要追求的结果是由什么原因产生的。知道了这种因果关系，就可以大大地减少摸索成本，就可以根据这种因果关系下结论，就可以执着地追求目标。这就是战略的本质。

从这种意义上讲，战略必须有思想。为什么？大家都知道逻辑体系永远都是不完备的，任何一种逻辑关系得出的结论，都包含着危险或风险。因此，战略规划中就一定要有思想。思想是什么？思想是哲学，哲学是回答这个世界的根本问题，人为什么生？人为什么死？

也就是说，如果原因与结果之间找不到终极对应关系，就需要从哲学上超越一对一的关系。哲学是从最终结果，也就是人生的终极目标来回答问题的。这就是战略永远都要包括远景、核心价值观、企业宗旨等内容的原因。

但是，商业毕竟不是做学问，信息永远都是很有限的，任何战略分析与判断本身就是一种冒险，但我们别无选择。商人有七分把握就行动，学者要有十分把握才行动，这就是做商业和做学问的区别。

也就是说，我只要比你更清楚，我就赢了。做生意，是要拿到现实利益，得到更多的好处，所以我们不需要做百分之百，我只要比你清楚，就能减少我的判断成本，提高我的投资回报率，这就够了。

这就是战略。

目标第一，方向锁定行动

○ 整体决定部分。

○ 方向锁定行动，有方向才有归宿感。

战略是地图，地图是这个世界上最简单、最有效的因果关系。地图告诉你，你应当往哪个方向走，如何走才能到达你的目标。任何战略，要的就是像一张地图那样的因果关系。

战略第一定律：战略是地图，整体决定部分。战略要回答的第一个问题是："这是什么？"

战略第二定律：战略是罗盘，方向锁定行动。有方向才有归宿感。人为什么需要罗盘？是因为人需要方向，有了方向，心里才会安定。战略要回答的第二个问题是："我们如何到达那儿？"

有这样一个例子。一群人在原始森林里迷路了，大家都不知道往哪儿走，突然有人拿出一个罗盘说，北在这儿，于是大家就跟着他走，终于走出了原始森林。但是，等大家全都走出来之后，有人发现，这个罗盘是坏的。

为什么一个坏的罗盘也能够帮助人们走出迷途？因为人们不能真正走出迷途的原因，不是路远，也不是路难，而是没有方向，不知道往哪儿走！

现实的奋斗中是不是有太多这种例子？罗盘是坏的，但有一个错误的方向，也比没有方向好。这时候什么东西在起作用？归宿感在起作用，战略可以创造这种归宿感，归宿感起的作用，就是通过方向来锁定行动。

为什么在森林中迷路了，如果没有罗盘，大多数情况下是死亡？因为人越多，死亡的可能性越大。在没有方向的情况下，常发生的事情是什么？是意见不统一，遇到困难就要讨论，是不是方向错了，然后再讨论新路，最后在寻找方向中自己把自己打败——信心丧失了。

有了一个罗盘是什么概念呢？不要再想了，就这样走吧！哪怕是一条最远的路，最后你也走出来了。这就是方向锁定行动。

所以，战略最强调两个基本的原则：整体至上，目标第一。整体大于部分，方向锁定行动。

整体的价值在于回答“这是什么”，只有回答“这是什么”，我们才能知道，我们现在所做的一切有什么价值或意义。

目标的价值在于回答：“我们要往哪儿去？”“我们如何到达那里？”有了方向，就有归宿感；有了归宿感，就有信心。

为什么完成任务只会收获借口？

○ 任务是一个执行假象，因为我们绝大多数的人在实际工作中，当你自以为是在执行的时候，其实是在完成任务，而不是执行。而事实上，任务并不是结果。

用战略的因果逻辑来代替执行的果因逻辑，是执行失败的根本原因。战略是因果关系，执行是果因关系。战略的因果逻辑是有因就有果，好人就有好报。执行的果因逻辑是有果才有因，有好报才有好人。

为什么我们有那么多的事情执行不下去？就是因为我们相信“好人有好报”这种因果逻辑。按因果逻辑看来：既然我们把这个事情给你，你就应该完成；既然你懂得了这件事的重要性，你就应当能够把它做好。

但执行的果因逻辑说：错了！只有好的回报才会有好人。所以，只要是执行就只讲结果，不讲结果就没有好人，不讲结果就没有执行。因为只有做出结果才能分出高低，没有结果我们所有人岂不都一样？

我们不要去讲过去如何，也不要去谈学历多高、水平多高、职位多高，要想证明对企业有价值，就把结果做出来。

结果面前人人平等！这就是执行的基本逻辑，如果做不出结果，那你就与其他人一样。因为一家公司强大靠什么？靠结果！

结果从哪里来？结果只能从行动中来，不能通过思考获得。无论你如何思考，也无论你思考的水平多高，结果都不可能通过思考获得。

按这种思维，如何造就执行型人才呢？要给那些执行得好的人以报酬，给那些执行得不好的人以惩罚，才有可能获得执行型人才。执行最基本、最本质的东西，就是简单的一句话：执行是果因逻辑，执行讲的是结果，执行是从结果反过来理解原因！所以，执行能力只能通过行动本身获得，不可能通过思考获得。

我们懂得了这么一个简单而基本的道理之后，就可以揭示一个执行假象，这就是“任务”。

我之所以说任务是一个执行假象，是因为我们绝大多数人在实际工作中，当自以为是在执行的时候，其实是在完成任务，而不是执行。

也许有人会感到迷惑：完成任务不就是执行了吗？这就是任务这一假象迷惑人的地方：完成任务不是执行，不仅不是执行，而且是执行的大敌。

其实我们从执行的基本逻辑出发，就不难发现“完成任务”的欺骗之处：当你安排一个任务的时候，你实际上是想要一个结果；但你忽略了一个心理学上的小陷阱：接受任务的人事实上并不会这么认为，既然接受的是任务，那么他就对任务负责，而不是对结果负责。

遗憾的是：任务并不是结果。许多人完成了我们要求他做的任务，但却并没有达到我们想要的结果。

举个简单的例子。你安排下属打电话通知销售部长参加一个紧急会议，实际上你要的是销售部长参加会议，这是你想要的结果。但在接受任务的人看来，却不是这样，在他看来，只要打了电话，就算完成了任务，至于来不来那是对方的事。

从因果逻辑看，你的下属有问题吗？没有，的确，来不来确实是对方的事，他不能对销售部长的行为负责。很完美的解释吧？但是，按执行的果因关系来看，你的下属有问题吗？当然有，不但有，而且问题很大！

我们设想一下真实的执行过程。如果下属把通知销售部长开会当成结果而不是任务，又会是什么情况？打电话通知了销售部长，并不能确保他参加会议。要确保销售部长参加会议，至少在开会前要确认一下他的时间有没有变动，最好还要在开会前10分钟或更早一点儿，提醒一下他应该出发了。

对结果负责，而不是对任务负责，才会有真正的执行！

可为什么在现实工作中，我们总是得不到结果？原因就在于现实工作中，我们常常被“完成任务”这类完美的执行假象所迷惑。现在我们明白了，完成任务往往只是实现了部分结果，有时候甚至只是结果刚刚开始，但在因果逻辑上，他的确已经完成“任务”了（比如打电话），可又没有达到你的要求。这种矛盾会导致下属甚至整个公司都在找理由推卸责任：下属找理由对付你，你找理由对付你的老板或其他人，因为只要完成了任务，我们就有一万个理由来说明，没有完成结果不是我们自己的责任。

另一方面，完成任务与结果的这种反差，也使结果在真正出来的时候，任何人都可以争功，表明是自己的功劳。比如，上面说的打电话通知销售部长这件事，如果电话打完了就完事，我们已经说过，这是典型的执行不力。但打了电话之后，销售部长真的参加了会议，你说这是谁的功劳？打电话的下属完全可以说是他的，结果在他的个人总结中，就会有一条：“总是按时完成上级交代的任务”，你还没话说！

热衷于完成任务对付老板，热衷于寻找理由推卸责任，久而久之，就会出现一种局面：功劳大家争，责任大家推！罪魁祸首是谁？我觉得，几乎所有企业都面临着无数由“完成任务”所导演的“阴谋”，如果你不能制止这一“阴谋”的蔓延，那么你就会被这一“阴谋”所淹没，就会造成整个企业执行力的丧失！

我们要懂得一个基本道理：对结果负责是对我们工作的价值负责，而对任务负责是对工作的程序负责。公司大了之后，职位就多；员工多了之后，部门就多。职位和部门一多，程序就往往会代替了结果，组织层级就会代替客户价值，任务往往就会迷惑我们的眼睛，于是就有了无数可以开脱责任的理由：你看他已经尽力了，他已经努力了，没有功劳也有苦劳等。

如果我们要致力于打造一个具有强大执行力的团队，那么请记住，执行永远都只有一个主题：执行是要结果而不是完成任务。我们永远都要锁定“结果”这一目标，而不是“任务”这一程序。

■■■对自己负责■■■

○ 成功与人的性格、心胸、知识素质，甚至民族、种族都没有必然的联系；在成功人士身上，只有一点是共同的——那就是对自己深深的责任感。

○ 一个对自己负责的人，他的身上有三个重要的特点：第一是信守承诺，第二是结果导向，第三是永不言败。

在全球500强企业中，有人做过统计，近20年来，从美国西点军校毕业出来的董事长，有1 000多名，副董事长也有2 000多名，总经理或者董事这一级的也有5 000多名。

世界上也许没有任何一家商学院能够培养出来这么多的顶级人才。为什么不是商学院培养了企业领导者，而是西点军校呢？我们可以看一下西点军校对学生要求的标准——准时、守纪、严格、正直、刚毅。这些都是任何一家优秀企业对其领导者要求的最基本素质，也是最值得挖掘或培养的素质。

相比而言，商学院却更多地教给学生商业知识和经验，比较缺乏对一个人最基本的人文素质的培养。也许正因为如此，是西点军校而不是商学院培养了最优秀的领导人才。

成功与人的性格、心胸、知识素质，甚至民族、种族都没有必然的联系；在成功人士身上，只有一点是共同的——那就是对自己深深的责任感。

也就是说，世界上所有的优秀人才，都有一个共同的特点：对自己负责任——这就是执行型人才的特点。这个结果意味着，如果你想得到一个有执行才能的人，那么首要的要素就是看他是不是“对自己真正负责”。

什么叫“对自己真正负责”？一个对自己负责的人有三个重要的特点：

第一：信守承诺。

第二：结果导向。

第三：永不言败。

正是这三个特点，使有责任感的人同时成为有执行能力的人。同样，什么样的人不是执行型的人呢？聪明人大多不是执行型的人，因为他们一生都在寻求更好的解决方案，而很少能够像“阿甘”那样把一件事做到底。为什么阿甘这样一个智商不高的人，打乒乓球打成了冠军，跑步跑成了冠军，每做一样事都做到了顶级。他靠的是什么？靠的就是执着。

而聪明人做事最缺乏的就是执着。因为聪明，聪明人总是在找捷径，把很多时间花在路途上或者找捷径上，没有一件事情做到底。另一方面，聪明人往往在社会上受宠，所以一旦碰到困难或反对，就不会像执着的人那样坚持，而是选择逃避。

信守承诺，结果导向，永不言败

○ 如果你需要武将，你需要像刘备那样放下心态，同甘共苦；如果你需要文将，你需要有“三顾茅庐”那种诚意与执着。

我们都知道这样一个故事。

有这么一个破落贵族的后代，通过广施仁德，远播贤名，使得文有卧龙、凤雏辅佐，武有关、张、赵鼎力相助，逐步实施三分天下的战略方针，最终以一介织席贩履的庶民，成为开创蜀国大业的一代君王。

这个人的名字叫刘备。

《三国演义》讲述了曹操、孙权、刘备三分天下的故事，虽然三个人各有千秋，但就成功背后的战略与执行能力而言，坦率地说，我更推崇刘备。

帝王争霸，从战略上讲，表面上是实力的较量，但背后却是所谓的“得人心者得天下，失人心者失天下”。当政的帝王因为失人心，才会给挑战者以机会，而若干的挑战者中，最后一定是那些真正懂得如何“得人心”者得天下。

要得人心，首先要得那些最有用的人的“心”，即那些对霸业最有帮助的人的心，这就是人才！现在的问题是：刘备这个人在英雄辈出的三国时期，就个人才能而言，并不出众。为什么三国最优秀的人才，比如一代名师诸葛亮，一代名将张飞、关羽、赵云等，都投奔了刘备，而且至死不渝？

回答是：刘备具有“卓越的执行能力”。《三国演义》中，曹操和孙权是如何获得人才的？曹操在董卓时期就已经是京城八个主管军事的重要人物之一，且不说有曹洪、夏侯渊等至亲猛将相助，就是单纯以他的名气大旗一挥，便有像许褚、典韦那样的勇士投奔而来。

孙权就更不用说了，在他继承哥哥孙策王位的时候，孙策已经基本把江东的地盘给他准备好了，成千上万的江南才俊，尽落在孙权手中。

刘备是个破落子弟，虽说叫“皇叔”，但还得受叔婶的白眼，靠织席贩履生活。虽然生活的贫困不能消灭他远大的志向，但贫困却招不来优秀的人才。

那么，刘备是如何获得人才的呢？他的方式是：

第一，信守承诺。刘、关、张“三结义”是关于承诺的千古佳话。通过“结义”这种承诺方式，刘备获得了事业的起点：两员武艺超群的武将。

第二，结果导向。刘备知道自己的弱点，所以，到处寻找有才干的人才，结交有能力的才子，目的就是要在未来做一番大事。他知道要想使“三结义的承诺”能够得以持续，就要将心比心。他与张飞、关羽吃和睡都在一起，获得了张飞和关羽对他的赤胆忠心。即便后来曹操用高官与赤兔马为条件相邀，也没有引起关羽一丝动摇。

第三，永不言败。刘备请出诸葛亮的故事已经成为千古佳话。所有的人都知道人才很重要，但是在怎样获得人才的道理上，刘备“三顾茅庐”给我们做出了一个执行的好榜样。试想想，大雪之中在草屋外等待是什么滋味？

这就是“执行型人才”的优秀品质——如果你需要武将，不一定需要金钱利禄，但你需要像刘备那样放下心态，能够吃住在一起同甘共苦。如果你需要文将，也不一定需要富贵荣华，但你需要有“三顾茅庐”的那种诚意与执着。

案例：把努力与结果分开

○ 如果我们的制度会因为“好心”而不同，就会出现没有人对结果负责，就会出现下一个好心的员工犯了更大的错，你也没法处罚，然后就会出现我们在真好心与假好心之间难以判定，从而导致制度失去权威。

几年前公司搬家，搬家最主要的问题是两边的合约问题，每天的房租大概是 2 000 元，为避免新旧办公室两边重复交钱，最好的结果是，这边一到期，新的办公室也刚好装修完，正好搬家。

但结果是，我们比预计的晚了近一个月，原因是经办人漏了要报消防这一环节，他是第一次办，大厦的人也没有提醒他，结果报的时候正好是年底，有关消防的手续拖了将近一个月才报批下来。

如果你是经办人的上级，你会怎么处理这件事？

我们公司有规定，凡是由于个人原因导致公司损失的，视情况要承担 1/3 以上甚至全部损失。在这个案例中，就是按最低标准处罚，当事的员工也要承担大约 5 000 元的罚款。

对于危害公司利益的行为，我相信大多数公司都有明确的处罚规定，但为什么我们又常常出现执行难的问题呢？

问题不在于制度上，而在于具体的情况永远比制度复杂。比如在这个案例中，如果是当事者自己的职责，那当然不难，问题是他主动要求承担这个很紧急的任务，并为此每晚工作到凌晨两三点，似乎不能简单地一罚了之。

的确，我们处理这类事件的基本难点，在于一个基本的矛盾：不做事当然就不会有错，做事就会有错。如果我们总处罚那些主动做事但犯了错的人，公司不就是在鼓励那些不做事的人了吗？长此以往，公司里不就没有人做事了吗？

在这种情况下有两种选择：

第一种：批评一下，象征性处罚的目的是鼓励他积极主动承担工作的精神。

第二种：要当事者承担责任。承担一个对他而言代价很大的责任，无论是出于多么好心。

我们公司的处理办法是后者，把努力与结果分开，一码归一码。对他的努力，我们按国家规定给予加班工资甚至加倍补偿，并且给予他更多的发展机会，以鼓励他主动承担工作的精神。但对他给公司造成的损失，我们应当按照制度处罚他。

我们公司的结论是：负责任与做事是两个独立的系统。需要你负责的，你就要负责。而你勇于做事，那是你具备领导能力的表现。

这两个系统的功能是完全不一样的。如果大家都勇于做事，就可以使得公司获得更大发展。如果没有人勇于做分外的事，那是发展问题，只不过是公司走得慢一些而已。

但如果我们的制度因为“好心”而不同，就会出现没有人对结果负责，就会出现下一个好心的员工犯了更大的错，你也没法处罚，然后就会出现我们在真好心与假好心之间难以判定，从而导致制度失去权威。

制度失去了应有的权威与尊严，公司就会死。在走得慢但不会死与走得快但可能会死这两种选择面前，你选择什么？那些急于成功的公司大部分选择后者，而我们选择前者。

03 狼性原则：优胜劣汰

如果不是强者淘汰弱者，那就是弱者淘汰强者

○ 一个公司要倡导结果导向，就需要一种狼性原则——通过强者来淘汰弱者的哲学：弱者不被淘汰，就会淘汰强者。

生物链是非常和谐的。这个和谐是怎么形成的？

狼是陆地生物链中最高的终结者，狼的存在会使得其他的动物种类不断地进化。如果没有狼，动物界会怎样？就会是弱者在淘汰强者。

我们曾经服务过国内一家非常知名的公司，为他们提供执行力方面的咨询服务。这家公司目前是国内同行业的前几名，在我与公司重要的中高层领导访谈结束后，跟这家公司的老板说，非常不幸，你开了一个动物园。

他听了非常吃惊，什么叫动物园呢？我回答说，你的手下过去都是凶狠的战将，他们当年什么都没有，所以像狼一样跟着你打拼。但是现在，我从他们开车的档次、说话的口气来看，估计他们每个人的身家大概有几百上千万元吧？有了这么多钱，他们几乎全都吃饱了，跟动物园里的老虎和狮子有什么两样？

如果你的大将从凶狠的狼变成了动物园里的狮子，你们作为一个整体就已经失去战斗力了。

这还不是最可怕的，更恐怖的是，当年的创业者已经功成名就，特

别是在民营企业，由于还不知道老总未来如何对待自己，他们的最佳选择，就是打击和压迫那些内部新生势力，把自己的位置坐稳，在表面上把局面控制住。当你觉得他不行，想换掉他，可找出来换他的人还不如他。

这就是一个公司从创业走向衰落的演化结果。我们有多少公司都这样慢慢地被演化掉了！

很多当老总的，在遇到挫折之后，还想雄心勃勃地“二次创业”。但还有几个部下想再创业？他们当年什么都没有，所以像狼一样跟你打拼，但当他们已经拥有财富或权力的时候，想的可能就不一样了。

事实上，有钱有权之后，思维会发生变化，错了吗？没有，真正错的是企业的领导层，是你不知道他们有了一两百万元，有了权力之后，就会从狼变成羊。奋斗一二十年，挣到几百万元，对他们来说财富虽然还差得多，但年龄差不多了，不少人想的就是后路，他们不愿意失去他们的位置，更要保护他们的位置。

怎么保护？除了开始在内部安排亲信，还要把那些能干的人换掉，把供应商或渠道商抓在手里，然后你看着办吧，你要让我干，还得给我加薪。

谁应当对这种局面负责？不是企业的领导人是谁？一旦我们忘记自然界最基本的规律——优胜劣汰，不懂得去扮演狼虎豹等食肉动物在自然界中的使命，去淘汰那些老弱病残，整个公司就将是退化而不是进化，就会出现弱者淘汰强者，整个体系就将会慢慢地从狼变成羊。

所以我认为，一个公司最高领导者的领导哲学是一种狼性哲学——通过强者来淘汰弱者的哲学。

为什么在所有的动物种群中，强者都毫不例外地得到尊重？是因为强者能够带领它们不断地壮大。一个企业的最高领导的使命就在这里！领导者在企业中的使命，就是完成狼在生物链的使命——淘汰弱者。如果你不去淘汰弱者，结果就会是弱者反过来淘汰强者，你的企业就会变得越来越没有力量，越来越官僚主义。

为什么我们发现公司只要变大，人一多，最可能出现的结果就是竞争力的丧失？是不是所有大企业都没有竞争力？不是，有很多公司，像沃尔玛，像 GE（通用电气公司），销售额达到一两千亿美元，仍然保持着很强的竞争力。

大企业之所以容易丧失竞争力，原因是有很多弱者可以在大公司这样一艘大船里躲起来。当弱者形成群体的时候，他们存在的唯一方式，就是想方设法为强者设置障碍，然后把强者淘汰。

而为什么像沃尔玛、GE 这样的企业，虽然大却能够充满活力呢？答案就在于这些公司的领导人，奉行的是“强者淘汰弱者”的狼性哲学。

IBM 如何从狼变成羊？

○ IBM 表面上仍然很强大，但在表面的强大背后，IBM 内部文化，已经从那个充满活力的狼，变成了一只没有斗志的羊。
○ 对他人过分尊重会让人忘记自己的立场，即使某个人做得很差，人们出于尊重仍然会说："非常感谢，我们知道你尽力了。"

20 世纪七八十年代，IBM（国际商用机器公司）还得意扬扬地沉浸于行业霸主的优越感中，但进入 90 年代，IBM 却突然发现，自己被个人 PC 的新潮流抛弃了，IBM 仍然是大型机的领导者，但大型机的价格和利润却在一天一天地下降。计算机产业似乎一夜之间就成了微软、英特尔这些"小公司"的天下。

结果是，1990~1993 年 IBM 一共亏损 47 亿美元，等待 IBM 的是分拆，分成若干个独立的小公司与微软、英特尔竞争。据说，当 IBM 董事会把郭士纳找到当 IBM 的 CEO（首席执行官）时，董事会只不过想找一个能够顺利将 IBM 分拆的 CEO。

但郭士纳却做了一个令业界振奋的决定，保持 IBM 的完整性！在他看来，IBM 的衰落表面上是战略上的失误，即 IBM 从战略方向上固守大型机而错过了 PC 的大发展机会，从战略控制上放弃了芯片与操作软件的主动权，将其让给了英特尔和微软。但事实上，在这种失误的背后是

IBM 文化出了问题，从“追求品质第一，原则第一”的狼性文化，变成了“你好、我好、大家好”的羊群文化。

想一想，20 世纪 80 年代的 IBM 吧：

1980~1989 年，美国处于经济衰退中，IBM 的收入却几乎翻了一番，税后收入比世界上其他任何公司都更多（510 亿美元）。

在整个 20 世纪 80 年代，IBM 是最有价值的美国公司，IBM 市值在 1990 年高达 624 亿美元，比通用汽车公司的价值高两倍多。

《财富》杂志从 1982 年开始公布最受钦佩公司的名单，IBM 连续 4 年名列第一。

持续的成功使整个 IBM 充满着这样一种信念：IBM 对一切问题都胸有成竹。它比任何公司都了解如何把产品投放市场，比任何公司都知道如何去推销产品，也比任何公司都知道如何最大限度地发挥雇员的才能。

这时的 IBM 表面上仍然很强大，但在表面的强大背后，IBM 内部文化，已经从那个充满活力的狼，变成了一只没有斗志的羊了。

“对人尊重”的狼性原则变成了羊群文化：封闭与保守

IBM 一位高级管理人员曾形象地描述当时的情景：对他人过分尊重会让人忘记自己的立场，即使某个人做得很差，人们出于尊重仍然会说：“非常感谢，我们知道你尽力了。”长此以往，对人的尊重就演化成了盲目地追求意见一致，导致了 IBM 全公司的封闭与保守。

微软曾要求 IBM 购买它 10% 的股份，但 IBM 不屑一顾。IBM 可以开发关系数据库（Relational Databases），当拉里 · 艾里森接受了这个建议，把甲骨文公司建设成一家高效软件公司时，IBM 却无动于衷。

“对人尊重”在 IBM 还意味着另一个更致命的死结：不解雇政策。IBM 当年为制造 360 大型机系统，建了 5 家工厂，但这个任务当时对 IBM 来说太复杂了，结果就只好通过增加大量雇员来解决混乱。20 世纪 60~80 年代的 20 年间，员工人数缓慢而稳步地从不到 10 万人上升到 40.7 万人。

高品质服务的狼性原则，变成了对现实利益满足的羊群文化

当 IBM 具有行业绝对权威领导权的时候，公司与顾客之间的互动关系就成了 IBM 单边关系，整个商业游戏变成了 IBM 的独角戏。当时流传的话是，要使 IBM 的员工有所行动，就像在沼泽地跋涉一样艰难。

曾经在某个时期，IBM 开发出了 CMOS（互补金属氧化物半导体，complementary metal-oxide semiconductors），这种低成本的微型芯片可以取代传统的大型机处理器。但是，IBM 的管理层否定了 CMOS 技术，他们充满自信，以为竞争对手不会采纳这一技术。

在另一个阶段，IBM 发明了 RISC（精简指令集计算，Reduced Instruction-set Computing）微处理器，IBM 比任何公司都清楚，新技术将意味着简化和更快速的计算，会更适应于新出现的微型机。但考虑到大型机目前的主导地位，结果是 RISC 技术在 IBM 公司内缺乏支持者。

“精益求精”的狼性原则，变成了自我欣赏的羊群文化

当 IBM 还是一家年收入仅有 10 亿美元的公司时，就拿收入的 5 倍——50 亿美元做赌注，用于 360 项目的研究与开发，幸运的是，IBM 成功了，没有别的产品比 IBM 的 360 大型机系统更好地证明了 IBM 对市场的把握：它的 6 个型号同时推出，包含着能在大小计算机上都有效工作的高级软件。

接下来，最自然的思维就是，既然我过去的成功都是在这种思维下取得的，你有什么理由要我不这么做？这种直线思维，我们也许觉得很简单，但那些成功者可不这样认为，以至于在 1981 年，IBM 的经理们设定了一个目标，要到 1990 年把收入从 400 亿美元扩大到 1 000 亿美元。

现在我们清楚地看到，这一目标到今天也没有实现，20 多年前的 IBM 依然沉浸在大型机成功的梦幻中。曾担任过 IBM 负责战略和发展的资深副总裁的吉姆·卡纳维诺，在离开 IBM 后有过一番感叹：“谁能否认 360 机型的成功？可一旦被这种成功所麻痹，你就会越来越没有竞争力，因为 IBM 那时已觉得自己战无不胜了。”

唤醒 IBM 的狼性：IBM 转型真相

当弘扬人性、强调品质、精益求精的狼性原则，变成一批人保护既得利益的借口时，这家公司就走向了不思进取的羊群文化中。

1993 年夏季，郭士纳上任不到半年，就给 IBM 实行了 70 年之久的不解雇政策画上了句号，他一次就解雇了 3.5 万人。

郭士纳拯救 IBM 的重点是“客户第一”。他做得最多的事，就是重新给公司行为定位，郭士纳宣布，IBM 要确立一种新的行为规范：客户第一，IBM 第二，各项业务第三；IBM 需要做的是“关注客户而不是关注公司内部程序和争吵，尤其是要更快地让我们的产品上市”。

有了这种目标，在 IBM，什么是优秀？郭士纳提出了著名的 PBC 考核系统（个人业务承诺，Personal Business Committees）：

（1）胜利第一（win)，要抓住任何成功的机会，以坚强的意志竭力完成。

（2）执行（execute)，这里强调行动、行动、行动，不要光是坐而言，必须起而行。

（3）团队至上（team)，即整体第一，绝不在顾客面前各自为政，让顾客产生疑惑。

1993 年秋，郭士纳提出了 IBM 改革的 8 项原则：

1. 市场是我们一切行动背后的推动力。
2. 我们本质上是一家质量至上的科技公司。
3. 我们成功的基本标准是顾客满意度和股东收益。
4. 我们是官僚组织最少、永远关注生产率的创业型企业。
5. 我们永不忽略公司的战略目标。
6. 我们的思考和行动都要有紧迫感。
7. 紧密团结、共同奋斗，杰出、勤奋的员工无往而不胜。
8. 我们将关注所有员工的需要。

这 8 项原则，针对的仍然是 IBM 的文化：IBM 30 年的辉煌在很多员工心中的印象是如此深刻，以至于他们认为任何变革都只会导致公司变得糟糕，他们总是希望变革停下来，怎么办？郭士纳的回答是："我决定将公司的危机极端化和中心化！"

在郭士纳看来，当弘扬人性、强调品质、精益求精的狼性原则，变成一批人保护既得利益的借口时，这家公司就走向了不思进取的羊群文化中。如何将公司的危机极端化和中心化？郭士纳对全体 IBM 员工说，躺在过去的成功（大型机）上不思进取，无异于对客户的剥削。同样，靠一个强大的品牌去维持过时的技术，对于一个高科技公司来说，无异于对员工创造力的摧残！

从 1993 年起，IBM 首先对组织结构进行了重大改革。他建立战略事业单元（SBU）使组织结构分权化，进行层级缩减、组织扁平化，使每个成员都发挥专业能力，从"若干艘战舰"转变为"一支舰队"。

9 年后的 2002 年，当郭士纳从 IBM 的 CEO 位置上退下的时候，围绕他的是又一个美国英雄的神话，在他退下的前一年，即 2001 年，IBM 的收入就超过 800 亿美元，公司利润达到历史性的 63 亿美元。郭士纳通过狼性原则，使 IBM 这头大象再次跳起了轻盈的舞蹈。

狼性原则之一：忍辱负重

○ 企业从小到大的过程，是一个牺牲和养育的过程。我们去找客户的时候，一次不行，做两次；两次不行，做三次；三次不行，做四次。总有一天，客户会从我们的努力中，看到我们对原则的坚守与对事业的追求。

狼不会为了所谓的尊严在自己弱小时攻击比自己强大的东西。它会忍辱负重，等待自己强大到可以发动攻击的那一天。

狼群也许算得上自然界中效率最高的狩猎机器，然而据统计，它们却有约 90% 的失败率。换句话说，狼群 10 次狩猎中只有一次是成功的。为此，狼经常忍饥挨饿。

但是，狼群对此的反应不是无精打采、放弃努力或者自认败北，9 次未果的狩猎不会让它们气馁，因为它们知道还有第 10 次，或者第 11 次，甚至第 12 次，胜利总会属于它们。狼群所做的就是再次投身于眼前的工作，它们从不停止做那些微不足道的小事：每年奔波千万里寻找猎物，留神所有的蛛丝马迹。

领导者必须懂得，从小到大是一个捍卫企业文化与做事原则，把弱小的企业文化与做事原则养育成为企业持续成长支柱的过程。所以，你必须像母亲养育孩子一样养育企业文化与原则，为了企业文化与原则去牺牲、去忍辱负重，最后你才能够获得一个强大的企业。

世界上很多伟大的企业，都是卧薪尝胆的结果。一次，方太的老总茅理翔问我，家族企业如何处理好接班问题？我的回答是，是不是把公司传给子女并不重要，重要的是我们要反过来问自己：你留给接班人的是什么？如果是一份家业，那么留给谁这个企业都做不长，而如果留下来的是“经营之道”，是经营企业的原则与道理，那么，这家企业就具备了持续的“遗传基因”。

惠普的创始人是戴维·帕卡德和威廉·休利特，他们在车库创立了惠普。1957 年惠普公司上市，但在这一年的年初，帕卡德和休利特带领公司 20 多名经理来到旧金山以北的索罗马旅馆，举行了为期两天的高峰会议。会议确立了一系列的公司宗旨，其基本核心是“客户第一，重视个人，争取利润”，这就是著名的“惠普之道”。

宝洁公司是美国蜡烛制造商威廉·皮克特与肥皂制造商詹姆·甘保共同创建的，他们创建宝洁的三大准则，仍然是今天“宝洁之道”的基本内容：宝洁只雇用具有优秀品质的人，所有高层领导人都从内部提拔；宝洁支持公司员工拥有明确的生活目标和个人专长；宝洁公司应该提供一个支持和奖励员工个人成长的工作环境。

创立 IBM 的沃森提倡的“大家庭文化”为每一个 IBM 员工制定了严格的行为规范和道德规范，他制定的“IBM 之道”也清楚地表明 IBM 是如何构造员工、客户与产品这种金三角关系的：永远保持对员工的尊重，不断追求为顾客提供高品质的客户服务，力争产品精益求精。

类似的公司之道，你可以在可口可乐等优秀公司中，不同程度地看到——只是表现形式有可能不同，但绝对没有本质内涵的不同。

狼性原则的第一个启示是：企业从小长大的过程，是一个牺牲和养育的过程。我们去找客户的时候，一次不行，做两次；两次不行，做三次；三次不行，做四次。总有一天，客户会从我们的努力中，看到我们对原则的坚守与对事业的追求，而我们的员工忍辱负重、遭受白眼的时候，不就是内心中的原则长大的时候吗？

领导者要懂得一个基本的道理：对原则与文化的培养首先是一个牺牲过程，如果没有利益面前的牺牲，谁不想拥有企业文化与企业原则？为什么许多企业建立不起企业文化？为什么这些企业的员工没有原则？

请注意：不要为了所谓的尊严去打肿脸充胖子，我们之所以强大是因为我们内心的原则。

■■■狼性原则之二：整体至上■■■

○ 如果团队做出了一个决定，那么所有的人就必须支持；如果我们每个人都发出不同声音的话，那么我们的顾客看到的是什么？

在夜里，没有哪一种声音比狼群异乎寻常的音乐般的嚎叫更阴森、凄楚、可怕而又动听的了。

当狼在一起嚎叫时，它们仿佛在宣告："我们是一个整体，虽然每种声音各有不同，但我们是一个强大的整体，所以最好不要惹我们。"

在电影里或者小说中，我们经常看到或读到这样的场景，狼呼喊的时候，只要一声吼叫，就会引来无数只狼的响应，四面八方的声音聚集在一起，感觉整个草原就像是狼的世界。

这说明什么问题呢？尽管我们一家企业从老总到部长，从部长到员工，有着若干等级。也许你是老总，他是员工，但是当我们共同为企业的利益而奋斗的时候，我们要让最底层的员工感觉到，我们的团队如此强大，是因为这个强大的背后，是我们每个人的一份力量。

在狼吼叫的时候，头狼和其他狼有区别吗？没有。这时候，有的只是一个整体。所以，如果我们想获得一个好的文化，在这个文化中，每个人在个人利益与企业利益相冲突的时候，我们都能够把整体放在首位，首先是要让弱小的员工也感觉到，在公司强大的合声中，也有他的声音。

领导者最大的使命就是使员工听到公司强大的声音中也有自己在发声，离开了整体就没有了自己，而有了自己，就能为公司做出更大贡献。这种相辅相成的关系是一个团队使一家公司变得非常强大的动力之一。

事实上，无论你多么伟大，就个人的力量而言，我们每一个人都是很渺小的，但我们加在一起就很强大了！

我们为什么尊重麦当劳？

麦当劳之所以能够通过卖汉堡包，成为世界 500 强，不是它的汉堡包有多么好吃，而是这家公司值得我们尊重，进而我们依赖它，喜欢它。

麦当劳的强大，强大在它整体至上的企业文化。在《麦当劳员工手册》中，“麦当劳作风”一共有七点：第一点是注重整体利益；第二点是群策群力；第三点是确认团队贡献的同时肯定个人成绩；第四点是寻求并利用差异与争论，去寻求整体和顾客的利益；第五点是通过相互信任和坦率的沟通去正视问题、解决问题；第六点是积极听他人的意见，主动和每个人沟通，保持言行一致；第七点是百分之百地支持决定。

在解释为什么要百分之百支持决定的时候，麦当劳说，在我们每个成员都发表意见并听取别人意见之后，如果团队做出了一个决定，那么所有人就必须支持，如果我们每个人都发出不同声音的话，那么我们的顾客听到的是什么？

这就是麦当劳强大的原因，因为我们尊重的是麦当劳这家公司，而不是某个人。

狼性原则之三：知彼知己

○ 如果我们对于客户价值的了解是不一样的，我们就会按自己脑子中的价值去做事。这样长期下去，一定会在公司内部潜藏着若干的矛盾与冲突，“不是不报，时辰未到”。

狼尊重每个对手，在每次攻击前都会去了解对手，有时为了侦察对手，不惜顶风冒雪跟踪几十里，直到了解清楚了才下手，从不会轻视对手，更不会盲目进攻。

狼性原则：胜利并不是说明自己强大，而是说明自己比对手更用心。

世界上有很多小公司战胜大公司的例子。在同样条件下，为什么有些公司可以取得长足的发展，而有些公司却裹足不前呢？结论在于它们比对手更用心。

所谓的知彼知己，说的是你不仅要非常清楚地知道对手的优势是什么，更重要的是要知道自己的优势在哪里。对企业来说，你要知道你的消费者真正在想什么。你的高层、你的中层、你的员工能不能用 30 秒钟的时间简单地描述一下你的客户。如果你比对手在了解用户上更用心的话，你就会战胜对手。

对用户的 30 秒描述，是检验一家公司是否用心的好办法之一。如果一家公司的高层、中层、底层员工对客户价值的描述很相似的话，那么这家公司一定非常强大。相反，如果他们的描述都不相同，那么这家公司就算业绩很好，也长不了。

结论很简单，如果我们对于客户价值的了解是不一样的，我们就会按自己脑子中的价值去做事。这样长期下去，一定会在公司内部潜藏着若干的矛盾与冲突，“不是不报，时辰未到”。

狼性原则之四：原则第一

○ 上帝只会拯救那些愿意自己拯救自己的人，如果连自己都不愿拯救的员工，出路只有一条，那就是被淘汰。

母狼会在小狼有独立能力的时候，坚决地离开它。因为母狼知道，如果当不成狼，就只能当羊了。

幼狼一旦独立以后就不能跟狼妈妈在一起，这说明什么？这说明领导者重要的使命，是按照自然成长规律，像狼一样，把有独立能力的小狼赶出去，把它们赶出去之后，它们才可以真正地成为狼。

是羊的，就必须做羊；是狼的，就必须做狼。如果过分照顾，小狼就会变成羊。

领导者绝不把精力放在落后员工身上，而是把精力放在表现不错的员工身上。企业不应该向员工承诺“提供终生就业”，而应该努力让他们拥有“终生就业能力”。

企业要想具备国际性的竞争力，必须把精力放在那些不断要求进取的员工身上。上帝只会拯救那些愿意自己拯救自己的人，如果连自己都不愿拯救的员工，出路只有一条，那就是被淘汰。

事实上，“淘汰”对于弱小的员工，或者说对于落后的员工来讲，也许很残酷，但换个角度看未必不是一件好事。苦难同时也是一笔财富，这是自然界千万年来演化的基本规律。

如果我们不淘汰一个不努力的员工，那么这个员工就可能一辈子躺在企业的温床上，他这一辈子就毁了。如果企业把他淘汰了，他也许就会思考，我也有两只手，我也有同样的聪明才智，为什么我会被淘汰呢？

由此，他也许就会发奋，也许将来就会做出一番非常了不起的事业。这样的事例在现实生活中，比比皆是。

从另一个角度看，淘汰就是帮助，是帮助变得像羊的狼恢复野性。

NBA 巨星是如何炼成的？

纳克巴在 2002 年 NBA（美国职业篮球协会）选秀大会上，与姚明一起被火箭队选中，同是外籍球员的两人因此成为好朋友。但 2004 年 10 月 30 日，火箭队宣布不与纳克巴续签“3+1 新秀”合同中的第四年合同，这意味着纳克巴在 2004~2005 赛季之后就将成为自由球员。

纳克巴在整个季前赛过程中就知道这个坏消息迟早有一天会到来，但当真的听到火箭队不愿与自己续签第四年合同时，他的心里还是像打翻了五味瓶一般。纳克巴立誓要向所有人证明“他们做出了错误的决定”。

“我感到非常失望，”纳克巴说，“我希望能得到续约。”2004~2005 赛季是纳克巴与火箭队“3+1 新秀”合同的第三个年头，本赛季他将领到 149 万美元的薪水，火箭队拥有是否续签第四年的选择权，如果续约，纳克巴第四年可以得到 229 万美元。

虽然表现不算很好，但也不算很差，纳克巴为什么得不到续约？“这主要还是考虑到工资上限的问题，NBA 就是生意。”火箭队总经理道森则解释道，在姚明的新秀合同结束之后，火箭队必须提供一份最大的合同才能争取将其留在队中，因此道森不得不开始着手为此做好准备，清理出足够的工资空间，纳克巴只能成为牺牲品。

“我们都爱纳克巴，现在他将有机会打得更好。如果他能打出出色的一年，就算他成为自由球员，我们也可以考虑花更多的钱来得到他，他有机会做到更好。但现在控制工资是我们最重要的任务。”

那么，纳克巴如何对待这种局面呢？纳克巴清楚自己仍有机会，“我知道这是一个生意方面的决定，我知道 NBA 就是生意，NBA 联盟中天天都有这种事。不过，事情总有好的一面，对我来说好的一面就是，如果今年我打得更好，我将得到更好的工作。”

“大鲨鱼”奥尼尔被挤出湖人队之后，在正式加盟热队的新闻发布会上，发誓要为迈阿密带来一座 NBA 的总冠军奖杯，过去每个 NBA 休赛期，他的体重都要增加，但在今夏的 NBA 休赛期，他却一直奋力减肥。奥尼尔已经将体重狂减到 330 磅左右，成功地减掉约 30 磅。

在热队的季前训练营中，奥尼尔更是勤勤恳恳地完成教练布置的训练任务。奥尼尔在球场上的活动范围更大了，防守也更加积极。

前 NBA 著名球星科尔评价：“我认为对于一名球员来说，换个环境也许是最大的激励。当你来到一支新球队，难免会觉得有点儿底气不足，即使是奥尼尔那样的大腕。”

特纳电视网（TNT）评论员马夫·阿尔波特对此评论：“我从奥尼尔的一些言论和他夏天的苦练可以看出，他正变得充满干劲儿，而这些是在上赛季的湖人队所看不到的！”

狼性原则之五：团队精神

○ 凡是强大的团队，都是成员为团队牺牲个人利益，并能够得到其他成员尊敬与回报的团队。

○ 狼性原则：有牺牲就有团队，没有牺牲就没有团队。用奖励不可能造就团队，奖励只可能鼓励竞争。

这是一幅多么壮丽的场面。

广阔无垠的旷野上，一群狼踏着积雪寻找猎物。它们最常用的一种行进方法是单列行进。一匹跟着一匹，领头狼的体力消耗最大。作为开路先锋，它在松软的雪地上率先开一条小路，以便让后边的狼保存体力。领头狼累了时，便会让到一边，让紧跟在身后的那匹狼接替它的位置。然后它默默地跟在队尾，养精蓄锐，随时迎接新的挑战。

这是另一幅壮丽的画面。

一望无际的天空，飞来一群排成人字形的大雁。大雁为什么要排成人字形飞行？因为大雁在空中飞行的时候，人字形排列的大雁翅膀之间形成一个负气压，这样飞比较省力，但是只有一只大雁享受不到这个好处，这就是头雁。但是，头雁累了就退到后面，然后其他的大雁则前赴后继，一个一个顶上。

由此，我们得出的第一个结论是：没有牺牲的团队，绝对不是强大的团队。我们看一下雁、狼都是强大的团队。强大的团队，都是个体愿意为整体牺牲的团队。

第二个结论是：凡是强大的团队，都是个体牺牲后能够得到回报的团队。狼的团队使它们获得草原之王的地位，大雁的团队使它们成为地球上飞得最远的飞鸟之一。

团队就是血浓于水，团队就是有人愿意放弃，团队就是个体做出牺牲的时候，它们的整体利益最大。大雁之所以飞得更远，狼的队伍之所以更强大，就是团队精神最好的证明！

微软公司是全世界最强大的公司，但你可能不知道，微软公司也是体现狼性原则，靠团队精神吸引精英的公司！

众所周知，微软公司使数以百计的雇员成了百万富翁。为什么这些百万富翁拥有如此多的财富，却继续留在微软工作？

在微软公司，一周工作 60 个小时是常事。特别在主要产品推出的前几周，每周基本上夜以继日。不错，微软公司为此给员工提供了高额津贴，但对于那些已经成为百万富翁的员工，多少津贴能够让他们夜以继日地工作？

那么，是什么神奇的吸引力，竟使这帮百万富翁（甚至千万富翁、亿万富翁）如此卖命地工作呢？答案只有一个，那就是，完全超越了自我利益的团体意识。

比尔·盖茨在谈到这种团队文化时，内心的欣慰溢于言表："我们微软公司所形成的氛围是，你不但拥有整个公司的全部资源，同时还拥有一个能使自己大显身手、发挥重要作用的小而精的班级或部门。"

"我们每一个人都有自己的主见，而能使这些主见变成现实的则是微软这个团体。我的策略一向是，聘用有活力、具有创新精神的顶尖人才，然后把权力和责任连同资源（人、财、物）一并委托给他们，以便使他们出色地完成任务。”

这种团体意识，已在微软公司落地生根。微软人认为，他们不属于自己，而是从属于某种特别的东西。在微软，最重要的是让人们感觉到自己真正置身于一个彼此相互尊敬、相互信任、志同道合、宛如一个大家庭似的团体之中。

微软所坚持的这种团队原则，背后就是一种狼性原则：为了整体的强大，人人皆可以为团体利益做出牺牲；有了每个个体自觉自愿的牺牲，才有整个团体的强大，才有每个个体巨大的利益回报。

狼性的团队原则，同时告诉我们做团队领导的秘密：人人皆可为“头狼”，只要你愿意为大家牺牲。

狼性原则之六：持续基因

○ 企业的存在是为了利益，但我们却必须超越利益，才能拥有真正的持续基因。

○ 一个员工之所以在一家公司里面做出贡献，是因为他在这家公司里面感受到人性的东西，只有人性的力量才是最伟大的。

公狼会在母狼怀孕时，一直保护母狼，直到小狼具备独立能力。

狼性原则：领导者要懂得，超越利益的文化，才是一个团队凝聚的核心，才是一个公司的持续基因。

这个世界一定存在着比利益更重要的东西，就是这家企业内在的核心价值观和他们的信念。一个员工之所以在一家公司里面做出贡献，是因为他在这家公司里面感受到人性的东西，只有人性的力量才是最伟大的。

在这一点上，位于美国新泽西的默克公司是一个毋庸置疑的榜样。

早在20世纪50年代，默克的缔造者乔治·W·默克，就给默克公司一个非常明确的宗旨："我们应当永远铭记，药物旨在救人，不在求利，但利润会随之而来。如果我们记住这一点，就绝对不会没有利润；我们记得越清楚，利润就会越大。"

20 世纪 80 年代，默克公司发现，它们的产品“美迪善”可以治疗河盲症（一种由盘尾丝虫传播的疾病，可导致失明），而当时约有 100 万人面临被感染的危险，他们分布在非洲、拉丁美洲等地。

作为企业来说，这无疑是一个巨大的商机，但由于患病地区主要在第三世界国家，政府和医疗机构没有足够的资金购买这种药品，于是默克公司做出了一个惊人的决定——免费赠药，并自己负担费用，直接将药品分发到这上百万人手中。迄今为止，这项“美迪善”援助计划已经惠及 33 个国家的 3 300 万患者。

时任默克公司 CEO 的罗伊 · 魏吉罗对此的解释是：“我不能肯定这种行动长期的影响如何，但我相信它多多少少会有回报的。”

5 年后，魏吉罗赴日旅行，日本友人告诉他，正是默克公司的链霉素彻底消灭了那里的肺结核病。“我们的确向日本提供过链霉素，并没有赚到一分钱，但是默克今天是日本最大的制药公司，这绝非偶然。”

现任 CEO 吉尔 · 马丁继承了魏吉罗的做法，他不仅继续着“美迪善”的援助工作，还开展了一些与此相似的计划。例如，默克公司与盖茨基金会合作，各拿出 5 000 万美元，在博茨瓦纳建立艾滋病监测机构、咨询治疗中心，并对医务人员进行培训，以阻止艾滋病在博茨瓦纳的蔓延。

默克是一家被业界誉为“理想主义”的公司，它始终铭记自己的唯一使命，并为此奋斗不息。它相信“药物旨在救人，不在求利，但利润会随之而来”。

默克连续 8 年成为《财富》全球最受尊重的十佳公司，《财富》在评选原因中说：默克超越于利益、服务社会的理想，给我们所有人（无论是学术界、政府机构、企业界还是公众）所带来的精神激励无疑是美国社会的一笔财富。

在这个梦想不断遭到破灭的世界里，默克公司给了我们一个继续寻梦的理由：选定一个足够高、足够大的目标，并且不顾一切地坚持下去，你就会一步一步地接近伟大。

这就是狼性原则中最核心的原则：企业的存在是为了利益，但我们却必须超越利益，才能拥有真正的持续基因。

案例：为什么员工打工心态那么重？

○ 为什么别的公司花每个月 1 万元招我过去，我都不会去？尽管我在公司还拿不到这个工资。是因为公司正在致力于打造执行型人才，而我们知道执行型人才在未来的企业是最受欢迎的！我们要的是未来！

一位员工去回访客户时，与客户公司的赵总交流，针对赵总所在公司的员工打工心态很重、钱不多就走的这种情况，他的回答如下：

赵总，你要相信这个世界优秀的公司凝聚员工靠的绝对不是钱，而是这个公司的企业文化、核心价值观。我来给你说说我们公司的真实故事。

在公司，你会发现每天晚上 7~8 点钟几乎还有很多人自愿留在公司加班，你会发现到了晚上 10 点之后，还有一些人留在公司里写今天的学习与工作心得给大家学习和指正（这就是集体的学习能力）。老总有时候催大家早点儿回去，但你会发现大家都不想走，因为他们要对自己负责任。

公司的《员工手册》明确规定：晚上加班到 8 点钟以后是可以乘坐出租车回去的。可你到我们公司看看，大家在有公交车回去的时候绝对不乘坐出租车。为什么？因为公司很尊重每一位员工，对员工很舍得投入，相反，员工也会很尊重公司，能为公司节省就为公司节省。

现在，我有一种很真实的心态，那就是别的公司花每个月1万元招我过去，我都不会去，尽管我在公司还拿不到这个工资，包括我们公司的很多同事也是这种心态。

不要以为公司刚开始招的就是一批特别优秀的人才。错，进来的是一群很普通的人，打工心态的也有，中专学历的也有。但这里的不同就在于，我们相信人人可以成为圣贤，我们的机制，就是要把一群普通的人变得很优秀。

是因为公司的企业文化、核心价值观；是因为公司对于员工的尊重；是因为公司把我们打造成了执行型人才，而我们知道执行型人才在未来的企业是最受欢迎的；是因为公司工作的环境是一种对事不对人的文化，同事关系特别简单；是因为在这里，你能得到很大的发展空间，你能不断地提高自己；是因为在这里，你能学到很多东西；是因为这个公司是一个坚守商业底线与人格底线的公司，是因为……

04 责任使人进步

凡是计划的就一定要有结果

○ 每个人的本性中始终在重复着一个永恒的主题：回避风险；所有的执行在管理层面上都可以总结为一点：责权的对等。

○ 始终让“责任”这只猴子待在下属的肩上；凡是计划的就一定要有结果，哪怕是阶段性的结果；责任变动时要让放猴子的人清楚，猴子已经跳到另一个人身上了。

○ 凡是计划的就一定要有结果，哪怕是阶段性的结果。

我们每一个人的本性里面始终都在重复一个主题，这个主题就是“回避风险”。所有的执行在管理层面都可以归结成为一句话，叫作“责权的对等”。我认为，这个原则是管理人员或者中层管理人员做管理的最基本要领。

之所以是最基本的要领，是因为我们每一天其实都处于“回避风险，逃避责任”的阴谋之中。为什么用“阴谋”这个词，是因为我们常常在不知不觉中，中了招，累得要死还自鸣得意。

在你进公司大门之前，你一定计划好了今天要做这样，或者那样的事，你一天 8 个小时应当足以完成这些事。但事实上你会发现，只要我们一当上经理或者管理人员，你就会发现你的时间完全不够用。

问题是，为什么我们做经理的总是累得要死，总是没时间，可做下属的却总是没事干呢？

原因是我们常常陷入下属“逃避责任”或“回避风险”的阴谋当中。

责任是一只猴子，如果你不懂得如何回答下属的请示，一转眼之间，猴子就会跳到你的身上。然后，你就不再有上下班时间，不再有周末，不再有假日。

一旦所有下属的猴子都跳到了你的身上，你就要加班，累得要死。可悲的是，你还沉浸在一种虚荣之中：下属凡事请示我，说明我在他们心中重要，说明他们多尊敬我呀！

现在你明白了吧，这是一种阴谋！为什么那么多下属喜欢凡事都请示你？因为那是一种“回避风险，逃避责任”的最好办法。

始终让“责任”这只猴子待在下属的肩上；凡是计划的就一定要有结果，哪怕是阶段性的结果；责任变动时要让放猴子的人清楚，猴子已经跳到另一个人身上了。

案例：猴子为什么总是在我们之间跳来跳去？

○ 职位是责任与权力的统一，没有责任就没有权力，我们之所以能够对一个东西说“同意”，是因为我们对它可能出现的错误负责！

有一天，一家深圳公司的总经理收到了这样一封邮件，内容是申请报销 3 258 元的名片制作费，这么一个简单的审批，却在公司流转了若干个来回。

为什么一个简单的审批过程会搞得如此烦琐？下面是真实的邮件往来批转的过程。

1. 主管行政的副总经理申请审批的邮件：

发件人：主管行政的副总经理

发送时间：9 月 22 日 17：18

收件人：深圳总经理

抄送：深圳财务主管

主题：申请支付名片制作费用

总经理：

您好！

申请支付名片制作费用：3 258.00 元，请批示。

2. 总经理回复邮件：

发件人：深圳总经理

发送时间：9 月 22 日 19：18

收件人：主管行政的副总经理

抄送：深圳财务主管

主题：答复：申请支付名片制作费用

请你换我的角度想一下，凭什么批准你？

我们可以换个角度假设，如果你的下属这样申请：

副总经理：申请支付办公采购费用 3 万元，请批准，

你如何批？

深圳财务主管，请你从财务的角度提醒一下他，什么样的申请是可以批准的？

3. 深圳财务主管的回复：

发件人：深圳财务主管

发送时间：9 月 23 日 9：41

收件人：总经理

抄送：主管行政的副总经理

主题：Re：答复：申请支付名片制作费用

总经理：

我们的名片印刷每次都是在副总审批的权限范围内，但是因为与对方签的是月结，所以这次报的是总额，因为超过副总审批权限，所以按规定，我要求副总向您申报。

具体的明细如下：

时间	数量	签收人	金额（元）
9月7日	33	Chen	297
9月6日	10	Chen	90
9月4日	30	Tone	270
9月3日	51	Chen	459
9月1日	13	Chen	117
8月30日	15	Chen	135
8月28日	94	Jian	846
8月27日	53	Chen	477
8月25日	53	Chen	477
8月23日	10	Chen	90
合计：	362		3 258.00

统计人：Jian

4. 主管行政的副总经理再次申请审批的邮件：

发件人：主管行政的副总经理

发送时间：9月23日 11：30

收件人：深圳总经理

抄送：深圳财务主管

主题：申请支付名片制作费用

总经理：

抱歉。申请支付名片制作费用：3 258.00 元，请批示。

具体的明细如下：

时间	数量	签收人	金额（元）
9 月 7 日	33	Chen	297
9 月 6 日	10	Chen	90
9 月 4 日	30	Tone	270
9 月 3 日	51	Chen	459
9 月 1 日	13	Chen	117
8 月 30 日	15	Chen	135
8 月 28 日	94	Jian	846
8 月 27 日	53	Chen	477
8 月 25 日	53	Chen	477
8 月 23 日	10	Chen	90
合计：	362		3 258.00

统计人：Jian（行政助理）

检查人：Casey（行政主管）

印刷商：强盛印刷有限公司

请批示。

5. 总经理回复邮件：

发件人：深圳总经理

发送时间：9 月 23 日 12：20

收件人：主管行政的副总经理

抄送：深圳财务主管

主题：答复：申请支付名片制作费用

同意，

为什么我们不可以一开始就把前因后果写清楚，我一次就可以批了呢?

这样的结果是：我们彼此有了三个来回，我们大家喜欢打乒乓球?这既浪费了时间，也给我们大家增加了不必要的工作量，周末我们的质询会要对此进行总结，要按规定进行处理。

主管行政的副总经理的总结：整个过程中，我把付款申请当作了任务，而不是当作我的责任，我的责任不仅是要提交申请，批下来一笔应付款，更要对我们的财务负责，要对深圳分公司负责。一个只有审批金额的审批报告，谁知道里面是怎么回事？这个职位赋予我相应的权力，同时也是对等的责任，我的责任就是要把这样不清楚的事情弄清楚，清晰地呈现在上级领导面前。审批是一个过程，结果是要让领导把事情弄清楚，对过程负责就是任务，对结果负责就是责任。

总经理的总结：什么叫任务？什么叫结果？请大家记住，职位是责任与权力的统一，没有责任就没有权力，我们之所以能够对一个东西说“同意”，是因为我们对它可能出现的错误负责。

在深圳财务审批流程中有明确的规定，所有财务费用申请必须有详细的明细，行政副总违反这一规定，按三级警告机制，口头警告一次，请行政主管记录。

猴子也需要快乐

○ 一句赞美的话，影响力可长远到一辈子。

承担责任是所有执行的起点与归宿，一个有执行能力的人，就是一个对自己有责任感的人。执行型人才，就是人格化的责任。

既然是人格化的责任，我们每个承担责任的人，事实上就在承担着很大的风险与代价。但很多领导人都很严厉，发奖金好像不吝啬，但对下属笑一笑，表扬下属却很吝啬。

问题是，如果不去让我们的下属感觉快乐的话，你会发现你的激励成本会越来越高。

我特别希望我们做主管的，把一句话记在自己的工作笔记的首页：一句赞美的话，影响力可长远到一辈子！

下面是一些让猴子快乐的好方法：

零成本方法	低成本方法
说“谢谢”	为员工支付午餐
在其他员工面前赞扬一名员工	给予 10 元的现金
写感谢信	举行球类比赛
给全家写感谢信	给予礼券
在公告板上张贴肯定的评论信	发给员工 T 恤衫或帽子
通过电话或电子邮件发送口头表扬	给予奖品
赞扬员工的努力	颁发证书

上司与下属对不同激励因素的看法

下属对右排项目的排名	员工希望从工作中可取得	上司对左排项目的排名
1	有挑战性的工作	5
2	完成任务的成就感	8
3	归属感	10
4	工作安全	2
5	良好报酬	1
6	晋升及成长	3
7	良好的工作环境	4
8	良好的同事关系	6
9	合理的纪律要求	7
10	公司对个人的照顾	9

格兰仕的书信文化

○ 做不好人，做不好事，不是聪明不够，而是笨得不够彻底。

大约从 1997 年开始，格兰仕公司董事长梁庆德在每年的年末岁尾都写一封《致格兰仕全体员工及家属的一封信》，这已经成为“德叔”的“规定动作”：

1997 年：《艰难困苦我们一起背》。

1998 年：《给全体员工拜个年》。

1999 年：《接受我最真诚的祝福》。

2000 年：《努力了，心血就不会白费》。

2001 年：《那些欢笑与泪水同行的日子》。

2002 年：《让我们的心贴得更紧一些》。

2003 年：《找到属于自己的一片蓝天》。

2004 年 5 月 9 日是母亲节，公司总裁办开展了一次“母亲节给母亲写封信”的征文活动，“德叔”知道后，也给企业报写来了《致格兰仕人母亲们的一封信》，将心比心，让许多格兰仕人的母亲感动。

CEO 梁昭贤可以说是一个写信的“偏执狂”：营销团队在市场取得了业绩，他要写信鼓励；经销商市场有起色，他会发去贺信；重要员工离开公司，不能面谈的，他要写信联系；海外市场有了突破，他要写信嘉奖；业务团队召开重要会议，不能亲自参加，他要写信表示关注；在部下送批的报告中，他会附上自己的便条，不时加以鼓励。

梁昭贤有一句名言："做不好人，做不好事，不是聪明不够，而是笨得不够彻底。"梁昭贤认为，写亲笔信就好像在与对方谈话，能感觉到对方的神态，能缩短时空的距离，拉近与对方的感情。

在条件允许的情况下，他总是坚持写信，长则千字，短则几十个字，虽然简单，但却实用：

1. 表示写信人很重视你，出于真情才会写信给你；

2. 表示对你的肯定和鼓励；

3. 收信人会珍惜这份感情，更加努力地回报对方；

4. 书信便于保留，等于给感情加了一个"保温瓶"，特别是收信人会经常重读回味，热情会更持久。

05 制度执行力

结果永远都是第一位的

○ 执行只有两条。一条是，服从是军人的天职，百分之百实现结果。另一条是，如果服从不能够实现结果，那么就通过不服从来实现结果，这就是“将在外，君命有所不受”的根本含义。

IBM 在 1990~1993 年累计亏损 168 亿美元，但到今天 IBM 依然是消费者心中的“蓝色巨人”，为什么我们没有人怀疑过它会倒下？

为什么？因为它们的基本制度已经构筑完毕，并且表现出强大的不依赖任何人的制度执行力！即便是某一个能人或某一块业务出问题了，公司的组织能力与文化并没有由此衰落，这就是世界那么多优秀公司即便业绩有问题，也很难倒下的原因。

《三国演义》里有一个诸葛亮斩马谡的故事。讲的是诸葛亮派马谡去守街亭，最后马谡把街亭丢了。在总结自己这一失误时，诸葛亮痛心疾首，后悔没听先帝之言而重用了马谡，因为先帝刘备早就对他说过，马谡这人“言过其实，不可重用”。

然而，如果我们仔细分析一下诸葛亮用马谡的过程，事实是否真的如诸葛亮所说，马谡是一个言过其实、没有执行力的人呢？

诸葛亮是这样指令马谡的，要围营扎寨守街亭，也就是说，只要在山下面安营扎寨，那么街亭就可以守住。可马谡到了街亭以后，便觉得诸葛亮的命令不合理。因为兵书说了，居高临下，山上扎寨才是防守的要点，于是便把军队扎在山上。

《三国演义》是这样描写这一段的。当司马懿的军队开过来之后，探子来报，前面诸葛亮已在街亭驻兵，司马懿一听，感叹道，诸葛亮还是高我一筹啊。接着问谁在守？回答说是马谡。司马懿一听哈哈大笑，说攻打街亭有希望。于是，司马懿把街亭水源断了，围而不攻，果然街亭不攻自破。

这就是非常著名的诸葛亮斩马谡的故事。但现在我们的问题是，听诸葛亮的话，街亭就可以守住吗？

兵法中有一句话，“将在外，君命有所不受”。意思是说，在外面打仗要根据实际情况灵活掌握。诸葛亮有资格斩马谡吗？从这一角度看，马谡兵败街亭的真正原因是在“结果”上犯了错误，没守住应当承担责任，并不是因为不服从诸葛亮的命令，否则如何解释“将在外，君命有所不受”？

当我们解释“将在外，君命有所不受”的时候，实际上强调的是结果。将服从命令是对结果负责，不服从命令的时候也是对结果负责。你命令我这么做的目的是为了让我来完成目标，得到结果；而君命有所不受，也是为了最终结果，要根据实际情况具体分析。

军队是这样的，企业就更是如此。一方面企业的战略、方针都是一定要执行的；但是每一个人在执行的时候，特别是在与客户打交道的时候，还要根据具体的情况，把这个客户弄清楚之后，再决定相应的策略。假设马谡到了街亭一看，下雨已经把山下冲得一塌糊涂，水流成河，客观条件改变了，那么遵守诸葛亮的命令，驻守在山下根本就不现实。

就像当年非常著名的敦刻尔克战役一样。希特勒把整个英军困在一座孤港上，只要一发起攻击，英军肯定全军覆没。但希特勒就是迟迟不下命令，使得英军最后有了很大的机会，白白放跑了英军。如果那时的德军能够“将在外，君命有所不受”，又当如何？

也就是说，当时第一线的指挥官，应该根据当时的情况对形势做一个分析判断，然后与希特勒沟通，尽量征得希特勒的支持。但是在当时德军的强权性的军事体制下，没有人敢站出来说出事实，最后白白地放跑了英军的主力。

在下属的位置上，什么是真正的执行？两条：一条是，服从是军人的天职，百分之百实现结果。另一条是，如果服从不能够实现结果，那么就通过不服从来实现结果，这就是“将在外，君命有所不受”的根本含义。

结果永远都是第一位的，那么通过服从来实现结果，如果服从实现不了结果，就通过不服从来实现结果。

总之，结果才是硬道理。

事实上，一个真正有执行力的马谡应该是什么样的呢？他应该这样去假定，如果诸葛亮的策略错了的话，我怎么守街亭？如果诸葛亮的策略对了的话，我怎么守街亭？因为司马懿完全可能不按诸葛亮预料的方法来攻，那我怎么样去守？

在这件事上，我觉得马谡是有一点儿冤枉的。大家想一想，诸葛亮明明知道马谡是这样一个人，为什么还要派他去呢？派他去不说，可偏偏又派的是一个软耳朵的王平来做监督，王平哪里能够制得住马谡？所以有人说，是不是诸葛亮想借机把马谡干掉？

建立制度

○ 你想与谁结仇，你就借钱给他。为什么借钱会成为朋友间反目成仇的导火索？关键在于我们的因果思维：欠债还钱，天经地义。问题是借钱的人可不这么想。

诸葛亮斩马谡的故事虽然是演义，但这个故事对我们的启发是：如何建立一个不依赖于能人的执行系统？或者说，如何建立一个不依赖于马谡的守街亭系统？

如果我们要建立一个不依赖于马谡的守街亭系统，那么我们需要问几个基本的问题：

第一个问题是：马谡不按诸葛亮的战略去守街亭怎么办？

回答：制定措施让王平保证执行。

第二个问题是：王平在执行措施时，落实不下去怎么办？

回答：派执法人员持尚方宝剑检查措施落实情况。

第三个问题是：落实了措施，但大家没有积极性怎么办？

回答：立即宣布奖罚办法：守住街亭，五虎将扩编，马谡加入成为第六虎将，所率领的部队奖励“皇家卫队”称号，按级封奖金红包，评出 10 个优秀士兵由诸葛亮亲自接见，并加入皇家保卫队。反之，如果守不住，则连长以上官员连降三级，马谡斩首。

这样说，虽然有点儿玩笑的成分，但道理却是成立的：要建立一个不依赖某一个人的执行系统，做到即使马谡是个“言过其实”的人，也要把街亭守住。前提就是我们要通过强大的制度，而不是通过强人来实现目标。

而建立制度的前提是“法制精神”：假定人皆会犯错。生活中，流传着一句话：你想与谁结仇，你就借钱给他。

为什么借钱反而会成为朋友之间反目的导火索？关键在于我们的因果思维：欠债还钱，天经地义。问题是钱什么时候还？不还怎么办？谁的责任？如果你借钱出去，什么凭证都没有，最后不还给你，这责任在谁？在你自己。

这似乎不合情，但却合理。管理学中，永远是风险的承受者去控制风险。我借你的钱，我一点儿风险都没有；你借给我钱，风险在你。既然有可能借钱的人不还钱，你就一定要找个手段来控制风险。

欠债还钱，就是战略，天经地义的因果关系。但要想钱回来，我们一定要假定这个战略是不可能自动生效的。所以，你需要对自己提出的问题是，如果对方不还钱怎么办？回答是制定措施——打借条，并在借条中明确两条：第一，承诺还钱期限；第二，有担保。那么，钱多半还会回来。

从这一角度出发，要建立一个不依赖于能人的执行系统，我们需要做三个逆向思维的假定：

第一，假定战略不可实施怎么办？人们不能实施别人的战略，人们只能实施自己的战略。

我们要假定战略是不能自动实施的，为了保证实施，我们该怎么办？回答是，制定措施，把公司战略转化成为个人战略，“人们不能实施别人的战略，人们只能实施自己的战略”。所以，制定一系列将公司战略转化为个人战略的措施，建立制度执行力的第一步。

第二，假定措施实施不了怎么办？人们不会做你希望的事，人们只会做你检查的事。

我们还要假定，即使有措施，但这个措施完全可能是形式而已，实施不下去。为了保证这个措施有效，怎么办？回答是检查。记住“人们不会做你希望的事，人们只会做你检查的事”。当高考改革不考地理、不考历史，你看还会有多少人学历史和地理？尽管我们说地理和历史多么重要，但只要高考取消了对这两门课的考试，就会改变人的学习行为。如果你想全中国人民都学英语，很简单，你就考英语，人们不会做你希望的，人们只会做你检查的。你检查什么，人们就做什么。

第三，假定检查实施不了怎么办？人们并不拒绝改变，人们拒绝被改变。

我们还要假定，即使有检查，大家也做，但大家却不努力和用心去做，为了保证检查的有效，怎么办？回答是要引入奖惩。人们并不拒绝改变，人们拒绝被改变。

如果你做了很多检查，他也按要求这么做了，但结果就是出不来，为什么？这时你会发现，你没有把这件事情与他的个人利益挂起钩来，他就没有真正的动力去做。人们是愿意改变的，只要你提供的报酬和回报让他感觉到物有所值，人们就会按你要求的办，但人们不能被强迫、被改变。如果一件事做了之后对我没有什么好处，我为什么要做？

执行“三化”：流程化，明晰化，操作化

○ 人们之所以说假话，是因为可以不负责任。如果必须对后果承担责任，很少有人会说假话。

人都是会犯错误的，人都会有疏忽的时候，制度设计的目的就是把这些漏洞堵住。我提出的方法是，要通过“法制精神”建立一种“逆向思维”：

假设战略不起作用怎么办？制定措施。

假设这个措施不起作用怎么办？检查。

假设检查不起作用怎么办？奖罚。

“逆向思维”的出发点，就是建立一套不相信能人的怀疑系统。

能人系统和法制系统最大的区别在于，能人系统讲的是“用人不疑，疑人不用”，法制系统或制度系统恰好相反，讲的是我即便相信你，也要假定你有问题，万一做不到怎么办？结果我就要制定一个防止你不行的制度，形成制度控制。

制度控制的意思是说能人不行了，制度还行。只要制度还行，我们就不断地创造出机会让若干平凡的人把事情做下来。所谓制度系统所要求的就是，70%~80% 的可能性要通过制度来解决。

剩下的 20%~30%，怎么办？通过人来弥补。这就实现了人和制度完

整的统一。

一旦我们建立起制度之后，又如何实施呢？在这里，我们提出制度执行力实施的三化原则：

> 1. 流程化：交代的事情从头到尾要流程化。
> 2. 明晰化：流程中的每个工作内容都要明晰化。
> 3. 操作化：明晰后的工作内容需要进一步操作化。

所谓流程化，就是我们一定要把这个决策做成一个流程，任何一件事情都有流程，都可以分成事前、事中、事后三个阶段。分成阶段之后，我们就可以确定不同阶段的工作内容。

流程的最大好处在于从一个事情发生的过程强调执行，而不是通过职责。流程管理思想跟功能管理不一样的地方在于，功能管理往往强调事情本身，做这个事情往往就是为了目的，但是流程管理的目的是为了结果，为了公司获得效益，否则就宁愿不惩罚你，宁愿不考核你！

所谓明晰化是把流程中的要点做明晰。明晰的要点在于量化，如果你想强调什么，就去把它量化。如果你不量化，就等于在告诉别人你不重视它。不能量化，就不可以考核，也不能真正实施！

所谓操作化是把明晰的东西做成可操作的。如果一个计划只有量而没有行动措施，就会“不可实施”。

为什么许多公司年初制定的财务指标往往形同虚设，很大程度上就是因为只有指标没有行动，没有行动的指标意味着大家可以随便说大话而不负责任。

人们之所以说假话，是因为可以不负责任，如果必须对后果承担责任，很少有人会说假话。比如，说假话的小贩都是在火车站周围，而在你家门口的小贩不会说假话。为什么？因为说假话就再没有人去买，所以要想让他负责任，就尽量让他说真话。

同样道理，怎么做到让你的下属说真话？关键在于增加说假话的成本，如果成本很高，谁还会说假话？

执行的“三化”：流程化、明细化、操作化，就是建立一套制度化的违规处罚机制。世界上大部分公司的失败，大多源于这种机制的失效。

机制失效：巴林银行为什么倒闭？

○ 里森在狱中说：对于“没有人来制止我”这件事，我觉得不可思议。伦敦的人应该知道我的数字都是伪造的，这些人都应该知道我每天向伦敦总部要求的现金是不对的，但他们仍旧支付这些钱。

1763 年，弗朗西斯 · 巴林爵士在伦敦创建了巴林银行，这是世界首家“商业银行”，既为客户提供资金和有关建议，自己也做买卖。由于经营灵活变通、富于创新，巴林银行很快就在国际金融领域获得了巨大的成功。

巴林银行业务范围也相当广泛，无论是到刚果提炼铜矿，从澳大利亚贩卖羊毛，还是开掘巴拿马运河，都可以向巴林银行申请贷款。20 世纪初，巴林银行荣幸地获得了一个特殊客户：英国皇室。由于巴林银行的卓越贡献，巴林家族先后获得了 5 个世袭的爵位，由此奠定了巴林银行显赫的地位。

巴林集团主要包括 4 个部分：(1）巴林兄弟公司，主要从事企业融资、银行业务及资本市场活动。(2）巴林证券公司，主要从事证券经纪。(3）巴林资产管理有限公司，主要以资产管理及代管个人资产为经营内容。(4）投资银行，巴林银行拥有一家美国投资银行 40% 的股份。

巴林银行集团的业务专长是企业融资和投资管理，业务网点主要在亚洲及拉美新兴国家和地区，在中国上海也设有办事处。到1993年年底，巴林银行的全部资产总额为59亿英镑，1994年的税前利润高达1.5亿美元。

里森原来是摩根士丹利银行清算部的一名职员，他在1989年7月到巴林银行工作，随后被安排到印尼分部工作。在此期间，总部对他的评价是：富有耐心和毅力，善于逻辑推理，能很快解决问题，是期货与期权结算方面的专家。1992年，里森被任命为新加坡分行期货与期权交易部门总经理。

巴林银行规定，如果在期货交易中出错，比如将“买进”手势误为“卖出”手势，在错误的价位购进合同等，要立即将该项错误转入电脑中一个被称为“错误账户”的账户中，然后向银行总部报告。

在里森到新加坡前，巴林银行的错误账号是“99905”。1992年夏天，伦敦总部全面负责清算工作的负责人给里森打了一个电话，要求里森另设一个新的“错误账户”，记录较小的错误，并自行在新加坡处理，以免麻烦伦敦的工作。于是，里森设立了一个新错误账号“88888”。

但几周之后，伦敦总部又打来电话，因为总部配置新电脑，要求新加坡分行所有的错误记录仍由“99905”账户直接向伦敦报，但里森新开的错误账户“88888”并没有被注销，成了被人忽略的账户，这提供了里森日后制造假账的机会。想想吧，如果当时注销这一账户，巴林的历史可能会重写了。

有了这样一个机会，错误就找到了掩盖的理由。从此，里森就开始把出现的差错用这一错误账号处理。

第一笔差错发生在1992年7月，里森手下一名新员工犯了一个错误：富士银行买进20份期货合约时，交易员误把买进当成卖出，要纠正这项错误，就要买回 40 份合约，按当日的收盘价计算，损失约为 2 万英镑，并要报告伦敦总部。

里森决定利用错误账户“88888”来掩盖这个失误。几天之后，日经指数上升 200 点，损失由 2 万英镑增为 6 万英镑。当时，里森的年薪还不到 5 万英镑，里森更不敢将这一失误向上呈报，而是压下来了。

第二笔差错发生于 1993 年年初，这次犯错的主角是乔治。他是里森的好朋友，也是业绩最好的交易员之一。乔治与妻子离婚了，整日沉浸在痛苦之中，并开始自暴自弃，错误当然不可避免地发生了。犯的也是同样的错误，把卖出当成买进，这一次的损失是 800 万英镑。

为了帮朋友，里森指令把这一失误记入“88888”账号。但有三个问题困扰着他：一是如何弥补这些错误；二是将错误记入“88888”账号后，如何躲过伦敦总部月底的内部审计；三是新加坡国际货币期货交易所每天都会显示出里森他们损失多少，“88888”账户也可以被显示在交易所大屏幕上。

为了掩盖手下员工的失误，里森将自己赚的佣金转入账户，但手下这两个人造成的损失金额实在太大了，里森的佣金无论如何也填不满。于是，里森决定私下参与交易，赚钱来补偿这两次手下的损失，因为里森相信自己的能力。到 1993 年 7 月，他的确做到了，“88888”账户亏损转为盈余。

似乎一切错误都过去了，但这时又碰到了一个“天灾”。1993 年下半年，接连几天，每天市场价格破纪录地飞涨 1 000 多点，用于清算记录的电脑屏幕故障频繁，无数笔的交易入账工作都靠人力，人力处理错误自然难免。

结果计算下来，里森的损失将近 170 万英镑，这种损失其实里森完全可以上报，因为这是计算机导致的问题。而且比起上次的损失，这个数额也不算大。但有了上次的经验，里森决定继续隐藏这些失误。

但这次运气却不怎么好，到 1994 年 7 月，“88888”号账户的损失，已高达 5 000 万英镑。里森此时对损失的金额已经麻木了。他当时唯一能想的，就是拿出更多的钱赌市场，反败为胜，补足“88888”账户的亏损。

此时的里森在巴林银行是一位英雄。1993 年，巴林银行纳税前利润 2 亿英镑，扣除 1 亿英镑奖金，纳税前净利润为 1 亿英镑，其中新加坡创造的利润超过 1 000 万英镑。1994 年，里森的套利业务为巴林银行赢利 2 850 万英镑，里森因为其赚钱能力被巴林银行高层视为明星交易员，银行高层到处在表扬他，从而导致内部稽核对里森失效。

1994 年年底，“88888”账号账面上的亏损额为 2.08 亿英镑。

1995 年 1 月，里森看好日本股市，分别在东京和大阪等地买了大量期货合约，指望在日经指数上升时赚取大额利润。1995 年 1 月 18 日，日本神户大地震，日经指数大幅下跌。里森也遭受了损失，但这时他看到的不是损失，而是大赌：购买更大量的日经指数期货合约，希望日经指数上涨时大赚一笔。1 月 30 日，里森以每天 1 000 万英镑的速度从伦敦获得资金，卖空日本政府债券，买进 3 万口日经指数期货。2 月 10 日，里森这两种业务交易量甚至创下了新加坡期货交易所交易史上最大纪录的交易量。

1995 年 2 月 23 日，里森的大赌彻底失败，日经股价收盘一路下降，此时里森为巴林带来的损失，达到了 8.6 亿英镑的高点，而巴林银行全部的股份资金只有 4.7 亿英镑，世界上历史最老的巴林银行宣告倒闭。

巴林银行的倒闭完全是可以避免的，但为什么却发生了呢？

第一，职责不清，里森既是运动员，又是裁判员

里森刚到新加坡，任职期货交易部经理，同时兼清算部经理。作为一名交易员，里森的工作是两种，一种是代巴林客户买卖衍生性商品，这种业务相当于股票买卖，交易员只是代客户操作，风险由客户自己承担，交易员赚取佣金。

另一种是套利，套利行为只赚取市场间的差价，也没有很大风险。因为银行对交易员的额度进行控制。为防止风险，这种许可额度通常定得相当低。通过清算部门每天的结算工作，银行对交易员及其风险可以有效了解并掌握。

不幸的是，里森却一人身兼交易与清算二职。这种职责混乱使得里森有机可乘。事实上，在里森抵达新加坡后，巴林曾有一个内部通知，对此问题可能引起的大灾难提出过关切。如果里森只负责清算部门，他便没有机会为其他交易员的失误行为瞒天过海，也就不会造成最后不可收拾的局面。

第二，审计形同虚设

在里森造成的损失达到 5 000 万英镑时，巴林银行曾派人调查里森的账目。事实上，每天都有一张资产负债表，上面都有明显的记录，从中完全可以看出里森的问题。即使是月底，里森为掩盖问题所制造的假账，也极易被发现。

比如，里森假造花旗银行有 5 000 万英镑存款，然后这 5 000 万英镑被挪用来补偿“88888”号账户中的损失。实际上，只要有人查一下花旗银行的账目，就会发现花旗银行账户中并没有 5 000 万英镑的存款。

里森在狱中，对这段时期做了这样的描述：“对于‘没有人来制止我’这件事，我觉得不可思议。伦敦的人应该知道我的数字都是伪造的，这些人都应该知道我每天向伦敦总部要求的现金是不对的，但他们仍旧支付这些钱。”

第三，为业绩牺牲监督与检查

1995 年 1 月 11 日，新加坡期货交易所的审计与税务部发函巴林，提出他们对维持“88888”号账户所需资金问题的一些疑虑。而此时，里森正在要求伦敦每天汇入 1 000 万英镑，以支付其追加保证金。

这一追加甚至违反了英国银行的规定。英格兰银行规定英国银行的海外总资金不应超过 25%，1993~1994 年间，巴林银行在新加坡及日本市场投入的资金已超过 11 000 万英镑，超出了限制。为此，巴林银行曾与英格兰银行进行多次会谈来支持里森的行为。

一旦巴林银行的许多高层管理者，一味地相信里森，期待他为巴林套利赚钱，里森就可以超越于利益之上了。在 1994 年 12 月，就是巴林破产前两个月，在纽约举行了一个巴林银行金融成果会议，250 名来自世界各地的巴林银行经理，还将里森当成巴林的英雄，对其报以长时间热烈的掌声。

新加坡在 1995 年 10 月 17 日公布了有关巴林银行破产的报告，报告结论中有这么一段：“巴林集团如果在 1995 年 2 月之前能够及时采取行动，那么它们还有可能避免崩溃。截至 1995 年 1 月底，即使已发生重大损失，这些损失毕竟也只是最终损失的 1/4。如果说巴林的管理层直到破产之前仍然对‘88888’账户的事一无所知，我们只能说他们一直在逃避事实。”

06 结果导向的六大纲领

第一大纲领：创造危机

○ 如果没有远大的理想与宽广的胸怀，就不可能正确对待变革。如果不能正确对待变革，而是抵制变革，公司就会死亡。

有无数的人拥有卓越的智慧，为什么只有少数懂得执行的人获得成功?

有无数的公司拥有伟大的构想，为什么只有少数懂得执行的公司获得成功?

如果老总想让自己的公司永远保持创造力和执行力，那么保持危机感是非常重要的。几乎所有优秀的公司，在执行力方面都非常强调危机感。

比尔 · 盖茨说：微软离破产只有 18 个月，也永远只有 18 个月!

波音公司则在新员工入职教育的时候，播放波音公司倒闭的假想新闻。

海尔的张瑞敏说："要做一个伟大的企业，对待成就永远都要战战兢兢，如履薄冰。"

华为的任正非说："10 年来，我天天思考的都是失败，对成功视而不见，也没有什么荣誉感、自豪感，而是危机感。也许是这样才存活了 10 年。"

这些优秀公司的领导人为什么如此强调危机感呢?

没有危机，就没有动力！海尔为了在公司建立危机感，在公司内部使每一个员工成为 SBU，建立“市场链”把危机感传递给每一个员工——每个人都有一个市场，每个人都是一个市场；你有代表市场索赔的权力，也有对市场负责的责任。

海尔 SBU 成功地实行了“市场链”的三个转化，那就是：

1. 把外部市场目标转化成企业内部目标。
2. 把企业内部目标转化为每个人的工作目标。
3. 把市场链完成的效果转化为个人的收入。

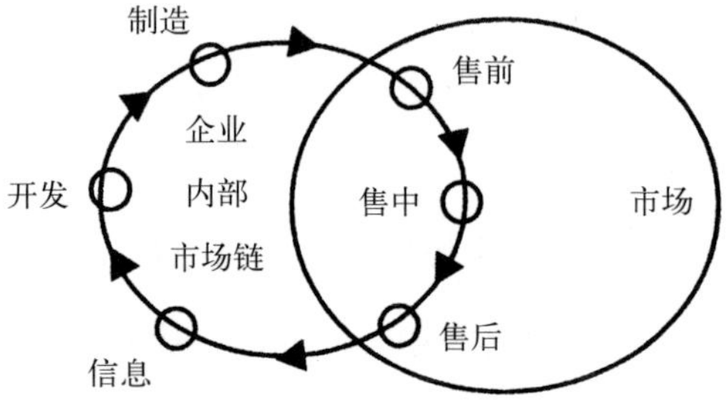

其中，SST 是海尔“市场链”的表现形式，SST 分别是索酬、索赔、跳闸三个词中第一个字的汉语拼音首字母。

索酬，就是通过建立市场链服务好服务对象，从市场中取得报酬。

索赔，体现出了市场链管理流程中部门与部门、上道工序与下道工序之间互为咬合的关系，如果不能“履约”，就要被索赔。

跳闸，就是发挥闸口的作用，如果既不索酬，也不索赔，第三方就会自动“跳闸”——出问题。

海尔通过 SST 强调，如果生产环节中的上道工序发生错误的话，下道工序就可以向上道工序索赔。这意味着什么呢？意味着海尔在工作中向它的员工导入危机感，从而建立起员工的执行能力。

而华为则是通过危机感的宣传来告诉它的员工：公司现在还处于危机之中。其中，最著名的是任正非那封著名的信——《华为的冬天》：

> 现在是春天，但冬天已经不远了，我们在春天与夏天要念着冬天的问题。我们可否抽一些时间，研讨一下如何迎接危机。IT 业的冬天对别的公司来说不一定是冬天，而对华为可能是冬天。华为的冬天可能来得更冷一些。我们还太嫩，我们公司经过 10 年的顺利发展没有经历过挫折，不经历挫折，就不知道如何走向正确的道路。磨难是一笔财富，而我们没有经过磨难，这是我们最大的弱点。
>
> 危机的到来是不知不觉的，我认为，所有的员工都不能站在自己的角度和立场想问题。如果你们没有宽广的胸怀，就不可能正确对待变革。如果你不能正确对待变革，而是抵制变革，公司就会死亡。

我们从信的字里行间可以清楚地看到任正非对于培养危机感的重视。有一家杂志曾经说，中国通信制造业中最杰出的土狼是华为。如果说华为是一群土狼，任正非正是这群土狼的唯一首领。他亲手缔造了业内最大的神话——用三流的产品卖出了一流的市场。华为名列 2002 年中国电子百强第 7 名，利润率却连年蝉联榜首。

海尔和华为都是中国非常优秀的公司，都非常强调危机感。可是奇怪的是，往往并不怎么样的中国公司却不强调危机感。这就是执行的逻辑：越优秀的公司，越强调危机感。越强调危机感的公司，就越有执行力。

如果你想让你的公司永远具备执行力，那么你永远都要强调危机感。

第二大纲领：行动能力是淘汰出来的

○ 企业不应该向员工承诺“提供终生就业”，而应该努力让他们拥有“终生就业能力”。

○ 我们失去优秀的员工是一种罪过，但我们不淘汰平庸的员工却是一种罪恶。

杰克·韦尔奇无疑是优秀的，他使 GE 的销售额从 250 亿美元攀升到 1 110 亿美元，使 GE 的赢利额从 15 亿美元飙升到 107 亿美元，使 GE 一次又一次地登上“全美最佳公司”的宝座。

但杰克·韦尔奇却是这样说的：“你最重要的工作不是把最差的员工变成表现不错的员工，而是要把表现不错的员工变成最好的员工。”我认为这句话对指导人力资源工作的贡献特别大，或者说对执行力的贡献特别大。

GE 为什么能够持续 20 多年保持两位数增长，这与杰克·韦尔奇的用人理念有很大关系。韦尔奇有“三大”用人理念：

1. 找到优秀的管理人员，给他们足够的资源和权力，让他们去充分的发挥。

2. 提拔和奖励你最优秀的员工，给他们不可思议的薪资，让他们来为你经营企业。

3. 毫不迟疑地换掉不合格的经理，他们应该去能够发挥他们特点的公司。

GE 还有著名的“GE 活力曲线”，就是以业绩为横轴，以组织内达到这种业绩的员工的数量为纵轴，得到一张正态分布图。

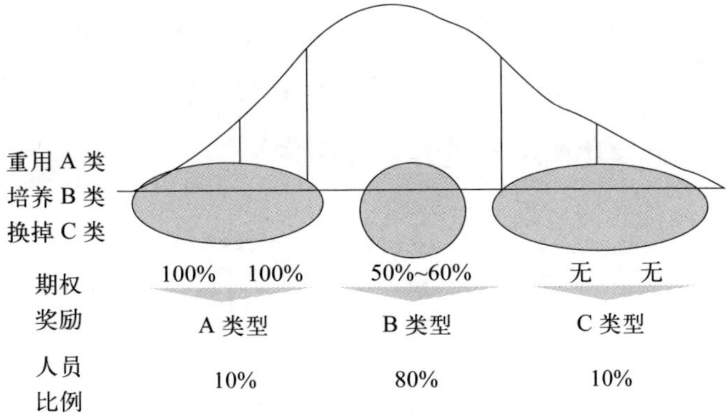

GE 就是利用这张正态分布图，很容易地划分了业绩排在前面的 10% 的员工、排在后面的 10% 的员工以及中间的 80% 的员工。这种评估组织内人力资源的方法，韦尔奇称为“活力曲线”。

“活力曲线”当然不仅仅是一个划分的工具，更重要的是其产生的作用，体现在划分之后的严格的区别对待：

首先是工资提升、职务晋升和股票期权等奖励上的区别对待：A 类员工得到的奖励往往是 B 类员工的两到三倍；B 类员工也会得到奖励，通常他们中间的 50%~60% 会得到工资提升和股票期权；C 类员工不会得到任何奖励。

除了奖励以外，三类员工在 GE 里的地位也有非常大的差别：A 类员工将被视为 GE 最重要的财富，每一个 A 类员工的流失都被视为 GE 的重大损失，都必须事后开会检讨；B 类员工是 GE 的企业主体，也是 GE 最主要的培训对象；C 类员工会被“处理掉”和“清除出去”。

光从“活力曲线”这个名字，我们就不难看出这套评估方法在韦尔奇心目中的位置——它是保持 GE 活力的最重要根源。

“经理们如果不能对员工进行区分，那么很快，他们就会发现自己被划分进了 C 类”。企业不应该向员工承诺“提供终生就业”，而应该努力让他们拥有“终生就业能力”。“失去 A 类员工是一种罪过”，韦尔奇在他的自传中这样表达他对 A 类人才的爱惜。

同样的淘汰政策也发生在 IBM，1993 年郭士纳上台后，将奖酬制度改为绩效导向并与市场连接；将人员分为销售、技术服务及后勤支持，并制定三张不同的薪资结构表。

在每一类员工中，郭士纳把员工绩效分成四级，第一级是前 15%，第二级是 65%，第三级是 20%，第四级是零。为什么第四级定为零呢？郭士纳解释说：“因为还没有等公司把你评分为第四级之前，你已经被迫出局了。”

IBM 的重点是在绩效最好的前 20% 的员工，这些员工调薪幅度可以非常高，也享有股票期权和各种训练机会。

执行能力是淘汰出来的，如果没有淘汰就不可能有执行能力。

第三大纲领：凡是已经决定了的，就是对的

○ 哥伦布说："即使决定是错的，那我们也可以通过执行来把事情做对，而不是再回头讨论。"

哥伦布是历史上著名的航海家，他出生于意大利热那亚，从小就向往海上航行，尤其喜欢读《马可 · 波罗游记》。哥伦布一直幻想有朝一日能够远游世界，去亲自游历那诱人的东方乐园。

哥伦布制订了一个远航计划，希望能够得到封建君主们在财力、物力、人力上的支持。虽然葡萄牙国王拒绝了他的建议，但是后来西班牙王后召见了哥伦布，表示出对远航计划的兴趣，但没有给予实质性的答复。

一直拖到 1491 年年底，西班牙国王斐迪南二世才接见了哥伦布。经历了几番周折之后，他总算答应支持哥伦布远航。

但是，所有的水手都不愿随哥伦布远征，他们都担心在途中葬身鱼腹。后来，国王只好从刑事犯中挑选了一批人给哥伦布当水手。另外，国王给了哥伦布几艘破旧的帆船。

1492 年 8 月 3 日清晨，哥伦布带领 87 名水手，驾驶着三艘帆船，离开了西班牙的巴罗斯港，开始了人类历史上第一次横渡大西洋的壮举。

没有鲜花，没有礼炮，没有隆重的欢送仪式。谁也不知道茫茫无际

的大西洋上，究竟是什么样的命运等待着这批由囚犯组成的船队。

海上的航行生活并不浪漫，相反，显得十分单调而乏味。水天一色，茫茫无垠。在原始的大自然中，人类显得异常单薄、无助，甚至有些力不从心。就这样，在海上漂泊了一天又一天，一周又一周，水手们开始沉不住气了，吵着要返航。

要知道，那时候的大多数人都认为地球是一个扁平的大盘子，再往前航行，就会到达地球的边缘，帆船就会坠入深渊！但是，哥伦布是一个意志坚定的人，他绝不会让他苦心组建的船队半途而废，留下终生遗憾。他坚持继续向西航行，有时候，他甚至不得不拔出宝剑，强令水手们向前，再向前。

在茫茫的大海上苦熬了两个月之后，命运终于出现了转机。1492 年 10 月 11 日，哥伦布看见海上漂来一根芦苇，他和水手们高兴得跳了起来！有芦苇，就说明附近有陆地！果然，11 日夜间，哥伦布发现前面有隐隐约约的火光。12 日拂晓，水手们终于看见一片黑压压的陆地。顿时狂欢声如雷响起！

在海上航行了 2 个月零 9 天之后，哥伦布他们终于到达美洲巴哈马群岛的华特林岛。哥伦布把这个岛命名为“圣萨尔瓦多”，意即“救世主”。

哥伦布踏上了他当时误认为是“印度群岛”和“日本”的新大陆，并在美洲游历了一番。让他失望的是，这里并不像马可·波罗描述的那样富饶。

1493 年 3 月 15 日，哥伦布把 39 个愿意留在新大陆的人留在那里，把 10 名俘虏来的印第安人押上船，返回了西班牙巴罗斯港。

今天，当人们谈起美洲的时候，总忘不了是哥伦布第一个发现了美洲。可是，谁又知道他至死也以为自己发现的是亚洲大陆而不是美洲大陆呢？

哥伦布曾经说过："即使决定是错的，那我们也可以通过执行来把事情做对，而不是再回头讨论。"

这句话虽然说得有点儿奇怪，但是我却很同意这句话。

为什么？其实哥伦布说的是：即使决定错了，除非通过一种合适的决策方式来终止它，否则我们就要执行到底，执行到底然后再总结出决策错了的原因，接下去再修改决策的程序，而不是终止这个过程。

执行作为一种追求结果的学问，要做到的正是这一点。在执行层面上哥伦布告诉了我们一个基本道理：凡是决定的就是对的。重要的是去做，而不是总是来回讨论方向的正确与否。

第四大纲领：人们不会做你希望的，只会做你检查的

○ GE 公司通过实行六西格玛质量管理体系，节省了 20 亿美元。六西格玛的思想核心是，如果你强调什么，就把它量化；你不量化，就说明你不重视。

1937 年，麦当劳兄弟在洛杉矶东部的巴沙地那开始经营简陋的汽车餐厅，并很快取得成功。但效仿者很多，导致生意萧条。1938 年，兄弟俩关闭了汽车餐厅，转营快餐，很快生机勃勃。

1954 年，克罗克作为麦当劳特许经营的代理商，替麦当劳兄弟处理特许经营权的转让事宜。克罗克规定特许转让费为 950 美元，很快他便将麦当劳经营成为一家优秀的公司，因而人们常常把克罗克视为麦当劳的创始人之一。

1961 年，麦当劳兄弟以 270 万美元的价格把麦当劳全部转让给了克罗克。1968 年麦当劳有 1 000 家店铺，1978 年店铺数量就达 5 000 家。经过 40 余年的发展，目前麦当劳已有 28 000 余家店铺，遍布世界 128 多个国家和地区。

1965 年 4 月 15 日，麦当劳公司股票上市时，每股价格为 22.5 元，不到一个月价格就涨了一倍。20 年后，股价约为原来的 175 倍。正是由于克罗克的卓越管理和苦心经营，麦当劳才由一家默默无闻的快餐店迅

速成长为今天的快餐业之王。

麦当劳的成功是一个奇迹，而克罗克正是奇迹的创造者。麦当劳公司为了使各加盟店都能够达到令消费者满意的服务与标准化，建立了严格的检查监督制度。麦当劳体系有三种检查制度：一是常规性月度考评、二是公司总部的检查、三是抽查（在选定的分店每年进行一次）。

公司总部统一检查的表格主要有食品制作检查表、柜台工作检查表、全面营运评价表和每月例行考核表等；公司总部的抽查资料有分店的账目、银行账户、月报表、现金库和重要档案等，详略不等。

对每个分店的一年一次的检查一般主要由地区督导主持，主要检查现金、库存和人员等内容。地区督导常以普通顾客的身份考察食品的新鲜度、温度、味道、地板、天花板、墙壁、桌椅等是否整洁卫生，柜台服务员为顾客服务的态度和速度等。

正是明确的经营理念与规范化管理使顾客在全球各地的麦当劳餐厅里，都能吃到一模一样的汉堡包；严格的检查监督制度使麦当劳的各加盟店都能够达到令消费者满意的服务与标准化。

大家有没有注意到，在麦当劳的厕所里面，你会发现有一个小纸单贴在墙上，上面写着每一个员工打扫卫生的次数，旁边则打上对钩以示检查。麦当劳之所以能够一丝不苟地进行标准化经营，在全球以每星期开一家新餐厅的速度发展，这些成功背后的原因是麦当劳有非常强大的复制能力。所以，麦当劳真正的核心竞争能力是标准化配送，以及建立在把每一个人做的事细化在检查上，使每一个人做的事与他被希望做到的事对应起来。

同样，GE 公司通过实行六西格玛质量管理体系，在几年之内节省了 20 亿美元。大家都非常清楚，六西格玛是一套非常严格的质量管理方法，这种方法的核心就在于如果你强调什么就把它量化。

检查的原则也体现在开会中，所有重要的会议都要立即布置行动方案，并且在结束会议前要清楚告知后续追踪的方式。其中包括谁该负责，时间与方法如何，会运用到哪些资源，还有下一次检讨会的时间和与会人员。

如果你想要推动任何一个新计划，你都必须亲自投入，负责监督贯彻，直到这项计划融入组织，成为组织不可分割的一部分为止。

执行力良好的领导人都要学会严谨地进行后续追踪检查。首先，确保负责计划的人员能依照原定进度完成当初承诺的目标；其次，找出缺乏纪律、理念与行动不配合等问题；同时也要理清各项具体细节，让组织中的各个运作单位步伐协调。

第五大纲领：没有人会拒绝改变，但所有人都拒绝被改变

- ○ 如果员工能够通过做一件事情感到乐趣，那么我们为什么不做呢?
- ○ 员工工作不仅是要用身体和双手，更要用心和脑，如果员工为生活担忧得少一些，工作上一定就会更用心用力。

戴尔的总裁说过一句话：“如果你真想强调什么，那就培养习惯来解决它；如果你不能够做得最好，那就让做得好的人去做。”

我觉得，在这句话后面还可以加上另一句话，那就是“如果一个人做得最好，那么你就应该让他拿到最好的回报。如果一个人能拿到最好的回报，他就愿意去培养习惯，其他人就会向他学习把事情做好”。

所以，人们是愿意改变自己的，前提是人们的付出需要得到回报。当然这里讲的回报是广义的，因为人们不仅需要物质层面的回报，除了物质层面的利益以外，人们更需要内心深处的成就感，在内心深处感觉到自己的贡献很有价值。

年轻的戴尔能够战胜 IBM，战胜惠普，战胜康柏，从而成为全球个人计算机业的老大，它成功的背后就是遵循了这个逻辑。

我们现在知道戴尔的核心竞争能力实际上并不是直销，而是建立在直销模式上的低成本配件供应与装配运作体系的实施能力。

戴尔的电脑显示器是从专门生产显示器的公司，比如索尼，直接发货给客户，而不是先运到戴尔然后再发给客户。根据索尼公司的需求而设立的网站可以使索尼公司和戴尔公司随时查询订货和生产信息。

就此，戴尔的 CEO 迈克尔 · 戴尔解释说："把显示器装上卡车运到得克萨斯州的奥斯汀，然后再卸车在仓库里转一圈有什么意义呢？结果还是再装上另一辆卡车。这只会浪费大笔的金钱和时间，除非我们能摸一摸显示器取乐，而我们是不会这样做的。"

在戴尔公司推行的管理模式中，非常强调一点：如果员工不能够通过做一件事情感到乐趣，那么我们为什么一定要做呢？这就是说，人们其实并不愿意像机器一样在生产线上被改变，人们更愿意通过创新，通过满足客户的需求来获得很好的回报。

第六大纲领：用备忘录驱动执行力

○ 我们所有的高级管理人员都从内部提拔，但如果你想要升迁，最好先学会写备忘录。

○ 与其说相信别人的头脑和忠诚，还不如把它用白纸黑字写出来。

备忘录是宝洁的一大法宝。

在宝洁的训练制度中，备忘录这项做法是出了名的。员工必须养成一种习惯，即清楚、简单地把信息呈给上司。

宝洁公司坚持不从外面招“空降部队”，而是采取百分之百的内升政策，因此内部的培养制度非常重要。宝洁非常重视训练员工解决问题、设定顺序、采取行动、追踪质量以及领导、合作的能力。公司随时都提供各种课程和研讨会，来帮助员工提高。

备忘录有两种形式：“信息备忘录”的内容包括研究分析、现状报告、业务情况、竞争分析和市场占有率摘要；“建议备忘录”则是一种说服性的文件，重点包括：建议目的、背景信息、建议方案以及背后的逻辑讨论和下一步的做法。

备忘录大多不会超过 4 页。品牌管理人员如果想要升迁，最好先学会写备忘录。在宝洁，备忘录的写作甚至被当作一种训练的工具。对资历较浅的人员来说，一个备忘录重写 10 次是常见的事。成为品牌经理后，一个备忘录仍有可能被要求重写五六次。凭借不断地重写备忘录，宝洁希望能够训练员工更加周密地思考问题。

通过备忘录的形式记录自己的成功做法，达到知识积累的目的。任何一个宝洁员工必须培养这种习惯，从而清楚、简单地把信息传递给上司。

宝洁公司通过备忘录系统建立了一个强大的执行体系，这就像宝洁的 CEO 雷富礼曾经说过的那样，"我们所有的高级管理人员都从内部提拔，但如果你想要升迁，最好先学会写备忘录"。

今天，备忘录已经成为许多世界级公司打造执行力的重要手段。

著名的罗兰·贝格国际管理咨询公司的领导人罗兰·贝格相信，在使用备忘录管理下，没人能够侥幸地忘记一件他曾关心过的事情。罗兰·贝格坚持把每一件需要自己和别人做的事情都用录音机录下来，然后再让秘书打印出来并发放给相关人员。通常，罗兰·贝格每天会发出 40~50 个给不同人的"内部备忘"。同时，他会在每一份"内部备忘"上标明时间，到了这个时间，秘书就会把这个"内部备忘"重新放在罗兰·贝格的案头。

与其说相信别人的头脑和忠诚，还不如把它用白纸黑字写出来。这就是备忘录打造的执行原理。

宝洁公司一页备忘录模板（标题）

本报告为本公司推行宝洁公司备忘录系统提供方便可用的模板。

用一句话总结该报告的内容，让读者一看就知道你要谈论什么。高层领导看到这一行就知道他需不需要继续看下去，不要超过两行，最好是一行。

总结：

用3~5句话，最长不超过4行的内容总结出报告的核心内容，这部分内容是写给看到此报告的最高层领导用的。如果其对此内容认同可以不用再往下看，节省了高层的时间。

背景：

宝洁公司推行备忘录系统已经有几十年的历史了，是进行有效沟通、降低管理成本的有效工具。

用最简短的语言告诉读者此报告内容的前因后果，为什么要写此报告，写此报告的目的是什么，希望解决什么问题，沟通什么想法，此部分内容不要超过3行。

主要内容：（可以是“建议”、“工作成果”、“行动措施”等）

本部分内容是该报告的核心内容部分，详细介绍提出的建议方案、工作成果的总结，或者是工作计划的详细步骤等。可用罗列的形式提出，也可以用文章片段的形式提出。言简意赅。所有的内容从读者的角度出发，尽量减少没有内容的语言和修辞。

建议方案的理由：（建议的理由、成果的成功要素总结、行动措施的步骤罗列等）

本部分内容尽量简化，用动词开头，如果主语非作者，加上行为人的名字；如果是列出建议的理由，理由不要超过三条；如果是改进措施，主要改进措施不要超过三个；如果是体会总结，体会不要超过三条等。

下一步工作计划：

本部分的内容为下一步工作的行动计划，列出行为人的名字，要做的工作，及完成的时间和预期达到的结果。每一个步骤描述不要超过两行。

署名（签字）

日期

07 从失败中提升执行力

为什么员工害怕失败？

○ 一旦我们从失败机理的层面探索失败原因，我们就很容易找到失败的原因，从而找到成功的钥匙。

○ 并不是所有的失败都是负面的，失败的积极意义比我们想象的要多很多。

没有永远成功的企业，只有永远失败的企业。

我们在总结执行经验时，往往只偏重对成功经验的吸取，但在工业革命以来的200多年，有像GE这样屡战屡胜的辉煌，然而更多的是企业屡战屡败的悲剧。

倘若只研究成功的一面，而忽视失败的一面，那么，我们最多只看到半个战场。

人不可能不失败，因此人不可能对失败无动于衷。无论怎么成功，也无论怎么激励，我们都摆脱不了失败。既然失败是所有人都无法回避的，那么如何从失败中获得执行力，这正是我们要解决的问题！

我发现一个奇怪的现象：与中层或基层员工比起来，企业的老板不怎么怕失败。在经营活动中，老板经常遭遇失败，可好像老板没有多大感觉。但中层或基层员工失败了，却大多很害怕。也就是说，同样一个失败，似乎对基层员工或中层的打击，远远超过老板。

这个现象似乎不太合乎逻辑。企业垮台了损失最大的是老板、是高层，中层与基层员工应当说损失不大，照样可以到外面找到工作。但是，公司的老板与高层的职业生涯基本就完结了：谁会雇用失败了的公司总裁？

但事实恰恰相反，为什么中层与基层员工比老板和公司高层更怕失败？看来问题不是出在失败本身，问题在于失败以后，我们如何看待失败带给我们的影响。

在中层或基层员工眼里的失败	在老板或高层眼里的失败
1. 表现欠佳	1. 增加了经验
2. 没有成功	2. 懂得了方法
3. 能力不足	3. 提高了能力
4. 有弱点或缺点	4. 增加了斗志
5. 毅力不够	5. 磨炼了意志

在中层或基层员工看来，失败意味着表现欠佳，没有成功，能力不足，或者是有弱点或缺点，毅力不够。但老板和高层恰恰相反，高层认为这是增加了经验，懂得了方法，提高了能力，增加了斗志，磨炼了意志。

同样一个失败，在中层和基层员工眼里，是“能力不足”、“毅力不够”、“表现欠佳”，而在老板或高层眼里，却是“提高了方法”、“磨炼了意志”、“增加了经验”。如此大的差异说明什么？说明在经营企业的时候，我们很少去考虑中下层员工对失败为什么有如此不同的反应。

如何使中层经理像高层一样，把失败转化成动力？这是以往我们常常忽略的，或者说我们从来没有认真面对过：为什么做中层或基层员工对待失败会与老板或高层有所不同？

在我看来，之所以老板与高层不怕失败，或者说不容易被失败击倒，是因为老板或中高层对待失败的时候，往往把分析、查明失败原因与追究失败责任分开。因为这种时候，责任不是第一位的，而找出失败的原因从而获得成功才是第一位的。

如果我们是从失败的机理层面来探索，我们就很容易找到失败的原因，从而找到成功的钥匙。既然这样，失败当然是“增加了经验”、“改进了方法”、“磨炼了意志”。

同样，中下层害怕失败的原因，就是往往把分析、查明失败原因与追究失败责任等同起来。当中层或基层员工面对失败的时候，他们面对的不是如何找到失败的原因，更多的是自己要为这一失败承担责任。一旦失败的原因是在责任层面进行的时候，我们就很容易把失败等同于我们人性中的弱点。既然这样，从失败中获得的自然就是“能力不足”、“毅力不够”、“表现欠佳”。

研究失败对提升执行力的意义就在于此。

我们不可能不让失败的人承担责任，但承担责任并不能解决问题，因为有很多失败并不是“人力可控的”，这个意思就是说，有时候失败本身可能就是我们了解事物发展规律的唯一途径，那么，这种时候重要的是什么？

这就是从失败中提升执行力的真正价值所在，在这里失败是一种通向成功的重要机制。尽管我们不喜欢失败，不愿意失败，但问题是为什么失败无处不在？

结论是，并不是所有的失败都是负面的，失败的积极意义比我们想象的要多很多。

为勇气和原则而战

○ 失败是否能够转化成为战斗力，最重要的因素就是失败能否转化成一种信念；在这种转化机制建立起来之后，越失败，信念就越坚定。

○ 所有伟大的军队都是有信仰的军队，“不成功则成仁”。同样，所有伟大的企业都是有勇气与原则的企业。

在真理的捍卫者那里，失败算什么？失败只会使信念更坚定，在这里，失败是培育信仰的一种催化剂。

失败是否能够转化成为战斗力？最重要的因素就是失败能否转化成一种信念，在这种转化机制建立起来之后，越失败，信念就越坚强。

有一本很著名的书为《第二十二条军规》，讲的是美国海军 22 条军规中，有这么一条：“如果开战在即，声称自己精神失常的士兵一律视为正常，因为他们清楚知道自己害怕失败。”

为什么一律视为正常呢？因为所有正常人都害怕战争，你因为战争说自己精神失常，那说明你知道自己的害怕，所以很正常。

但反过来，开战在即，说自己不害怕，说自己精神很正常的士兵，是不是就不正常了？《第二十二条军规》讽刺的就是这种矛盾的军令。

事实上，从失败提升执行力的角度理解，就会发现这条军规并不矛盾。不害怕的士兵也很正常，因为他们为信仰而战，所以，失败或牺牲就是他们报效这种信念的最好工具。

只有在没有信仰的军队中，22 条军规才被视为矛盾的军规。

历史与事实证明，所有伟大的军队都是有信仰的军队，“不成功便成仁”。同样，所有伟大的企业都是有勇气与原则的企业。

为什么总有日本和韩国的企业家失败后自杀的现象发生？因为日本和韩国企业做大做强的机制，是建立在集体主义之上的，为民族和国家而做好企业，成为这两个国家优秀企业最大的动力。它们愿意与团队共荣共损。索尼 20 世纪五六十年代为自己树立的核心价值观，就是“提高日本的国家地位”，它的使命中有这么一句：“让日本制造成为质量优良的代名词”。

同样，韩国三星能够在今天如此傲视群雄，它的精神动力显然来自于韩国民族主义情结下对日本的挑战。20 世纪 80 年代，一批在美国硅谷奋斗了多年的韩国人回到了三星，他们高喊着“一定要打败日本人”加入韩国企业。

在这种为国家为民族而做企业的信念下，“不成功便成仁”的荣誉感，促使他们要为荣誉而战。他们用这种方式向世人表明，他们做企业是有信仰的，有信仰的人是不害怕失败的。自杀不是害怕，而是对责任的承担。

用军队去对照企业，我们不难发现，失败是培养信仰成长的空气和水。在军队里面什么样的士兵是打不倒的呢？一定是有信仰的士兵。在企业中，信仰往往体现为勇气和原则，这两样东西都是越失败、越强大。

工作中，从来没跟人红过脸的员工，往往是没有勇气面对风险的员工。老好人、人际关系特别好的人，通常都不是有原则的人。这说明什么？人际关系太好了就不会遭遇失败，不遭遇失败就很难培养出足够的勇气与坚定的原则。

勇气的来源是什么？失败。原则的来源是什么？失败。大多数老好人是没有原则的人，大家都说好的人，最不适合当保管员、当会计。保管员、会计需要什么样的人？坚持原则的人。

坚持原则就意味着你不可能让所有的人都高兴，因为总有人喜欢占点儿小便宜，而喜欢占小便宜甚至大便宜的，又不完全是员工，往往更多的是不大不小的领导。所以，坚持原则的人一定遭遇打击与失败，可真正有原则与勇气的人，受到的打击越多，他的原则性就越强。

所以，对于企业来讲，从失败中提升执行力学到的第一观念，就是要在员工的心灵中种下原则与勇气的种子，这样才有打不垮、越战越勇的员工。

原则不可以再来一次

○ 星巴克要求特许加盟店必须做到“以星巴克的标准来培训员工”，因为我们的原则是从消费者那里来的，所以，是消费者原则在起作用。

○ 我们知道商业交易与相互信任之间的根本区别是什么，因此我们有自己的原则，我们绝对不为短暂的利益牺牲这一原则。

1986 年霍华德 · 舒尔茨购买并开始改造星巴克。15 年后，星巴克已经成为全球最大的咖啡零售商、咖啡加工厂及著名咖啡品牌。到 2002 年，星巴克已经在四大洲拥有分店。2000 年营业额为 22 亿美元，利润为 9 460 万美元。2001 年营业额为 26 亿美元，利润大涨 32%，达到 1.25 亿美元。

星巴克无疑是一个奇迹，它从西雅图的一个小公司，发展成为一个在全球四大洲拥有 5 000 多家零售店、25 000 名员工的大型企业。是什么创造了星巴克的奇迹？霍华德 · 舒尔茨说：“星巴克正变得无处不在。我们的最大优势就是与合作者们相互信任。”

星巴克的最大优势是与合作者相互信任，可这个信任从何而来？星巴克的回答是：我们知道商业交易与相互信任之间的根本区别是什么，因此我们有自己的原则，我们绝对不为短暂的利益牺牲这一原则。“星巴克发展的关键问题，在于我们如何在高速发展中，保持企业价值观和指导原则的一致性。我们有原则，因而我们很珍惜合作者，我们把相互信任在采购过程中'制度化'，与供应商的紧密关系远远不够，我们需要的是志同道合的合作伙伴。"

在星巴克，挑选供应商是一个漫长而正规的过程，各部门都将参与。由采购部门牵头，产品开发、品牌管理和业务部门的员工都会参与。为达到特殊的质量标准，星巴克从生产能力、包装和运输等多个方面对供应商进行评估，只有具备发展潜力的供应商才能与星巴克荣辱与共。

一旦确定供应商，星巴克会积极与供应商建立良好的合作关系。在开始的第一年，双方的代表会见面 3~4 次，以后每半年或一年做一次战略业务评估。战略性的产品或战略性的地域越多，高层人员的介入也越频繁。评估的内容包括供应商的产量、需要改进的地方等，双方也会就生产效率、提高质量、新品开发进行频繁的交流。星巴克希望供应商了解业务需求——包括产品的趋势发展、成本的理想化、生产效率等诸多因素，以求得牢固的合作关系。

正因为星巴克花费了大量人力、物力、财力来开发供应商，所以星巴克需要的是长期稳定的关系，积极配合控制价格而不只是简单地监管价格。星巴克副总裁亚敏（John Yamin）说：失去一个供应商就像失去我们的员工——因为我们花了许多时间和资金培训他们。

通过这种合作方式，星巴克希望供应商理解星巴克的理念：与星巴克合作不可能获得短期的暴利，所以，供应商必须符合星巴克极其严格的质量标准，不要期望获得高价。但是，只要你坚持按照星巴克的标准与原则，就一定会获得巨大回报，因为星巴克会成为顾客的首选而得到大发展，供应商们也会得到更多的订单与更好的声誉。

星巴克成功地做到了这一点，成为全球咖啡店第一品牌。舒尔茨说，我们做到这一点，是因为我们承认“在星巴克严格的经营原则和特许销售行为之间，存在着内在的矛盾”。怎么解决这一矛盾？大部分公司选择的是扩张，是市场份额与利益，这样它们也会发展，但内在的矛盾并没有解决，危机随时会发生。

星巴克的选择是以我们的经营原则为主，因为我们的原则是从消费者那里来的，所以，是消费者在选择合作者而不是我们在选择合作者。不仅如此，我们还要求特许加盟店必须做到：“以星巴克的标准来培训员工”！

原则只有一个，原则不可以重来一次！这就是星巴克面对可能的矛盾时所保持的信念：绝不为利益牺牲原则！由此，星巴克就获得了在失败面前的从容。我们可能失败，但我们相信，真正的成功者必定是沿着我们所坚持的原则成功的。

我们失败并不意味着我们坚持的原则失败，而我们成功却能够证明是我们所坚持的原则的成功！所有真正成功的企业，都遵守着同样的成功逻辑：因为规律，因为原则而成功！

这就是我研究从失败中提升执行力的结论。

绝不放弃

迈克尔·乔丹

我构想我能达到的境界，我能成为什么样的选手。我深知我的目标，我集中精力，到达那里。

我从来不关心输掉一场大赛会有什么后果。为什么？因为当你顾及后果时，你总是想到消极悲观的一面。

有的人在失败的恐惧面前止步不前，因为看到别人的挫折甚至仅仅是不够圆满。他们或是担心前景不好，或是忧虑窘迫不堪。

对我而言，此生若要成就一番事业，就必须敢做敢当。我会不避艰险，孜孜以求。

悲观消极，怨天尤人，成就不了什么气候。决然前行，努力追寻，何必多虑！任何畏惧都是虚幻——你以为面前荆棘丛生，实际上都是纸老虎，有的只是机遇，要你执着不懈，争取成功。

即使到头来未能尽如人意，我起码不会思前想后，因为我毕竟有尝试的勇气。失败只是让我下次加倍努力罢了。

我的建议就是——乐观积极地思考，从失败中寻找动力。

有时候，失败恰恰正使你向成功迈进了一步。一次次的尝试也许未能奏效，但越来越逼近答案。世界上的伟大发明都经历过成百上千次的挫折和失误才获成功。

我认为畏惧多数来自缺乏专注。

如果我站在罚篮线上，脑中却想着有 1 000 万观众在注视着我，我可能会手足无措。所以，我努力设想自己是在一个再熟悉不过的地方，设想自己以前每次罚篮都未曾失手，这次也会同样发挥我训练有素的技术。

不必担心结果如何，你知道自己不会失手。于是，放松、投篮，出手之后一切就成定局，所以又何必顾虑重重?

我说到做到。

我对平时训练和正式比赛一视同仁，绝不厚此薄彼。因为你不能期望训练中的马马虎虎会给以后的比赛带来佳绩。

有多少人临阵磨枪，说到做不到？这正是他们失败的原因。他们信誓旦旦要尽其所能，说得天花乱坠，做得也煞有介事。可一旦事到临头就措手不及，他们就到处找借口推诿敷衍。

要知道，在成功的崎岖之路，困难和艰险对谁都是均等，不留情面。

然而，你不必因此踯躅不前。要是面前有一堵墙，不要折回头去放弃努力。要想办法爬过去，超越过去，即使撞倒它也不要回头！

我对上帝发誓，我，乔丹，打篮球的迈克尔·乔丹，绝不放弃！